L'écologie du XXIe siècle

Matthieu Amiech, Angélique Huguin,
Jade Lindgaard, Corinne Morel Darleux,
Claire Nouvian, Fatima Ouassak, Jon Palais,
Alessandro Pignocchi, Pierre Rigaux,
Juliette Rousseau, François Ruffin,
Pablo Servigne

L'écologie du XXIe siècle

Éditions du Seuil

Ce livre est publié en partenariat entre les Éditions du Seuil
et La Pile, l'association qui édite « Reporterre »,
le quotidien de l'écologie.
Collection dirigée par Hervé Kempf

ISBN 978-2-02-144326-4

www.reporterre.net
www.seuil.com

Hervé Kempf

Maintenant, il faut se battre

On ne sait pas comment les choses se font. Les idées cheminent, imparfaites, vacillantes, hésitantes. Les désirs se tissent, hasardeux, esquissés, illusoires. La réalité frappe aux portes, elle façonne, malaxe, fignole. Et puis les gens se parlent, les tâches avancent, les projets mûrissent. Un jour, avec la force de l'évidence, l'ouvrage s'impose.

L'ouvrage ? Ici, c'est un livre – ce pourrait être un pont, une bâtisse ou un jardin, mais c'est un livre. Où se réunissent des paroles, qui s'entrecroisent, s'entremêlent, résonnent entre elles sans bien se connaître. Elles disent l'expérience d'une génération, ce saisissement qui l'a sidérée quand elle a commencé à comprendre qu'elle vivait un moment unique de l'histoire de l'humanité. Ce moment, on l'appelle « crise écologique », « catastrophe climatique », d'aucuns parlent d'« effondrement », les savants évoquent l'anthropocène, mais les mots sont faibles devant l'immensité de ce que l'on pressent avant d'encore l'éprouver. Les temps changent, *time are changing*, mais ce n'est pas le poète qui le dit, c'est le scientifique, au moyen de ses courbes, ses appareils, ses mesures. Il inscrit dans le langage du pouvoir ce que le paysan attentif observe : le silence des oiseaux, la disparition des insectes, les prairies asséchées.

En 1962 paraissait *Printemps silencieux*, de Rachel Carson. Tous ceux qui l'ont lu se rappellent les pages d'ouverture, qui racontent dans un langage poétique et saisissant l'effroi désolé que suscitent les vastes plaines où aucun bruit ne se fait plus entendre. On découvre la cause de ce silence effrayant de la vie quand Carson décrit et démontre le rôle des pesticides, du DDT. Ce livre a lancé l'écologie du XXe siècle, une écologie d'alerte et de description, une écologie d'abord pédagogique, quand il fallait expliquer comment, derrière les feux munificents et dispensateurs d'une prospérité jamais aussi largement répandue, s'ébranlait une machine destructrice du vivant, à l'avancée inexorable et sans retour. Rapport au Club de Rome, Journée de la Terre – 20 millions de manifestants le 22 avril 1970 aux États-Unis ! –, ministères de l'Environnement, Greenpeace, Seveso, Tchernobyl, réchauffement climatique, extinction des espèces, artificialisation des sols… Mois après mois, année après année, alors que la mécanique économique poursuivait sa course folle, les écologistes parvenaient à énoncer leurs mots, leurs concepts, leurs explications, leurs combats comme autant de leçons instillées dans les médias et dessinant peu à peu un nouveau paysage mental dans la conscience commune. Une conscience cependant déchirée entre cette nouvelle grammaire et les tombereaux de publicités répandus par les maîtres de la machine, de stimuli consommatoires, d'odes à la croissance, de bouillie de chat inondant les cerveaux dans la grande fabrique de l'opinion. Une conscience déchirée, mais de plus en plus perméable. Si nous avions alors entrepris de raconter l'« écologie du XXe siècle », nous aurions réuni des savants, des experts, des professeurs, des naturalistes, pour décrire la réalité du désastre écologique qui définit ce qu'est devenue la civilisation mondiale.

Mais nous voilà plongés des décennies plus tard. Et, s'il est toujours nécessaire d'expliquer, de montrer, de relater, le spectacle de la destruction n'est plus une surprise. Il nous sidère, il ne nous étonne plus. C'est autre chose que dit maintenant le mouvement écologiste, cette force faite d'une myriade de consciences libres et inquiètes à travers le monde qui, malgré leurs insuffisances, leur impuissance, leur désarroi, tentent avec l'énergie que donne la lucidité de contrebattre la machine à détruire, ses dirigeants cupides et égoïstes et ses fantassins décérébrés et assujettis.

Ce qu'il dit, une artiste l'a résumé : « Maintenant, il faut se battre. » Un jour, Audrey Vernon est venue nous voir, avec son incroyable sincérité, sa sensibilité exacerbée aux vibrations du monde, son amicale candeur, et elle a entraîné l'équipe de *Reporterre* dans une soirée mémorable où des comédiens généreux ont lu les textes de l'écologie d'aujourd'hui. Des mots de révolte et de combat, mais qui disent aussi la beauté poignante du monde – on n'oubliera jamais Yves-

Noël Genod lisant Pierre de Ronsard, dans un silence magnétique, la voix brisée, énonçant du cosmos les murmures impalpables :

Escoute, Bucheron (arreste un peu le bras)
Ce ne sont pas des bois que tu jettes à bas,
Ne vois-tu pas le sang lequel degoute à force
Des Nymphes qui vivoyent dessous la dure escorce ?
Sacrilege meurdrier, si on prend un voleur
Pour piller un butin de bien peu de valeur,
Combien de feux, de fers, de morts, et de destresses
Merites-tu, meschant, pour tuer des Déesses ?

Les vers de Ronsard semblent voir le monde d'aujourd'hui, un monde où les déesses et les nymphes ne sont plus dicibles. Mais ce que cette soirée nous a fait entendre, à toutes et à tous un soir rassemblés, c'est, répétons-le, que maintenant il faut se battre. Les mots de Fabrice Nicolino, au final, en appelaient à l'énergie, et à la vie, et c'est bien de cela qu'il est aujourd'hui question quand on parle d'écologie : « Il n'y a qu'une humanité, et une seule. J'ajoute volontiers : et une seule Terre. Assurément, il faut sortir de la mine et descendre des collines, camarades humains. Et ne plus regarder en arrière, car derrière brûlent nos vaisseaux. On ne peut plus reculer, on ne peut plus que se battre. Qui aime la vie pour de vrai ne saurait redouter la mort[1]. »

1. On regardera la vidéo de cette soirée et on en lira les textes ici : https://reporterre.net/14100.

Ainsi donc, l'écologie du XXIe siècle est une écologie de lutte, qui convoque l'énergie et assume le conflit avec les dominants – appelons-les ainsi, ces repus dans leurs tours glacées –, les affreux qui perpétuent un système criminel, écocide, qui extermine les vivants – grenouilles, cloportes, futaies, poissons –, qui écrase les humains sous la loi d'airain du profit et de l'indifférence, qui détruit l'avenir en déréglant l'équilibre biosphérique vers une fournaise invivable.

La lutte : elles et ils la disent, la pensent, la mènent. Celles et ceux dont vous allez lire les mots, et que nous avons voulu rencontrer pour leur poser la même matrice de questions : comment êtes-vous venu à l'écologie ? Quelle est votre vision de l'écologie, de la situation actuelle ? Que faut-il faire ? Et, dans votre vie, comment accordez-vous votre quotidien à vos idées ?

Nous voulions qu'elles et ils soient jeunes – enfin, âgés de moins de 45 ans. Des femmes et des hommes avec une expérience, situés dans la vie, et armés d'une énergie qui va encore se déployer et influencer le monde qui vient, marqué par l'urgence d'agir. Jeunes – non pas que leurs aînés n'aient plus qu'à quitter la scène : ils ont encore de la sève, des idées, un appui à porter, des pouvoirs à partager – parce qu'il nous paraissait essentiel d'entendre et de donner à voir la génération déjà aguerrie qui vient au poste de pilotage.

Ce sont des paroles fortes, vous le verrez. Elles disent l'écologie d'aujourd'hui. Et le monde que nous voulons voir advenir. Bonne lecture.

Corinne Morel Darleux

« Il faut tout donner, tout tenter »

Corinne Morel Darleux est militante écosocialiste et conseillère régionale en Auvergne-Rhône-Alpes. Elle a publié *Plutôt couler en beauté que flotter sans grâce* (Libertalia, 2019).

Reporterre. Comment en êtes-vous venue à l'écologie ?

Corinne Morel Darleux. Par le biais social plutôt qu'environnemental. Mon premier haut-le-cœur vis-à-vis de la société a été provoqué par le consumérisme débridé et les inégalités sociales. Je vivais encore à Paris, où je voyais de plus en plus de gens dormir dans la rue, souvent sous des vitrines illuminées, remplies de gadgets électroniques bon marché produits à l'autre bout de la planète. Mais la prise de conscience et l'engagement sont venus relativement tard : j'ai commencé à faire de la politique à 35 ans.

Et que faisiez-vous avant de tomber dans la politique ?

J'ai fait une prépa HEC, une école de commerce, puis un doctorat. Une trajectoire « dans le moule », comme on dit. J'ai eu une première « anomalie de parcours » à l'issue de mon doctorat, quand j'ai monté une galerie d'art contemporain. Puis, comme la galerie n'a pas marché, je me suis retrouvée consultante en organisation et en stratégie auprès des grandes entreprises du CAC 40, pendant plusieurs années. Je parcourais les tours du quartier de La Défense avec mon attaché-case, mon tailleur-pantalon [rires]… Mais toujours avec un côté décalé. Au sein du cabinet, j'ai été la première à passer à un 4/5e pour libérer du temps afin de faire autre chose.

À force de décalage, et avec ce refus de la société de consommation et de l'injustice qui montait, j'en suis arrivée à un moment où il est devenu trop compliqué d'exercer ce métier. En 2005, j'ai démissionné, et j'ai été embauchée à la mairie des Lilas, au service éducation et jeunesse.

Parallèlement, vous avez commencé à militer…

Je me suis rapprochée du mouvement Utopia à la suite d'une conférence qu'ils donnaient sur le revenu universel. J'ai beaucoup participé à la rédaction du premier manifeste d'Utopia. Et comme il y avait besoin de monde pour porter la motion du mouvement au sein du Parti socialiste, en vue du Congrès de Reims de 2008, j'ai intégré ce parti pendant un an. Complètement à contre-courant, et de manière ultra-minoritaire.

À ce moment, j'ai été approchée par Jean-Luc Mélenchon et par des gens autour de lui qui préparaient le lancement du Parti de gauche. Ils voulaient lancer un appel aux décroissants, aux gens de l'écologie radicale. Je naviguais dans ces réseaux, et je me suis embarquée dans l'aventure.

Deux mois auparavant, j'avais quitté Paris pour m'installer dans la Drôme, dans une optique de retrait de la société. Mais je me suis retrouvée happée par le tourbillon de la création d'un parti politique ! Je me suis notamment investie dans la construction du secteur écologie du parti.

Vous êtes venue à la politique par la question des injustices sociales, mais comment avez-vous basculé du côté de l'écologie ?

Le cœur d'Utopia était la remise en cause du dogme de la croissance, de la société de consommation et de la place du travail. En approfondissant ces questions, on se rend vite compte que cela va de pair avec un désastre écologique. Ma pensée politique sur la question de l'écologie s'est construite en mettant tout cela en relation. Il n'y avait pas d'un côté l'environnement et de l'autre le social. Les racines du mal sont les mêmes : un système d'organisation capitaliste et une mondialisation débridée des échanges et des flux de marchandises.

Il n'y a pas eu de basculement, mais un cheminement intellectuel, individuel et collectif, à travers les échanges au sein d'Utopia ou du Parti de gauche, qui m'ont aidée à formaliser une pensée construite, articulée.

Puis, en déménageant dans la Drôme il y a dix ans, j'ai découvert ce qu'était un ciel qui change, des saisons avec des fruits et légumes différents, crever de chaud l'été et se blottir l'hiver au coin du feu. Je suis née et j'ai grandi à Paris. Quand je mettais les doigts dans la terre, j'allais me laver les mains dans les secondes qui suivaient. La forêt, la montagne étaient pour moi des milieux hostiles. La Drôme a été un choc esthétique et sensoriel, une totale nouveauté, qui ont donné une autre dimension à mon engagement : il ne passait plus seulement par ma tête, mais venait aussi convoquer les tripes et les poings.

Quelles ont été vos sources d'inspiration dans l'écologie ?

J'ai besoin de la fiction et qu'on me raconte une histoire avec des personnages. J'ai été très marquée par des films d'anticipation ou de dystopie comme *Rollerball*, *Soleil vert* ou plus récemment *Les Fils de l'homme*, *Matrix* ou *Mad Max*. Du côté littéraire, *Les Racines du ciel*, de Romain Gary, a été un livre très important pour moi. En ce qui concerne la théorisation, cela passe plus par des discussions, par des rencontres ou par des formats courts, du type podcast. Je fonctionne en mode « éponge » : je vais absorber des idées à plein de sources différentes et ensuite restituer.

Comment définiriez-vous le problème écologique aujourd'hui ?

J'éprouve un sentiment d'urgence et de gravité : il n'est pas synonyme de désespoir, mais je ressens au contraire que c'est maintenant qu'il faut tout donner, tout tenter ; il ne nous reste pas beaucoup de temps pour inverser le cours des choses. Et j'ai l'impression que les choses s'accélèrent énormément depuis quelques mois.

Il y a sans doute un effet d'optique lié entre autres à la multiplication de scientifiques qui font le choix de sortir de la neutralité dans laquelle ils ont été cantonnés pendant très longtemps. J'ai lu sur Twitter le témoignage poignant d'un chercheur qui disait : « Je viens de faire la chose la plus terrifiante de ma carrière, envoyer un message à tous mes collègues scientifiques pour leur dire qu'il fallait désormais qu'on s'engage. »

Au-delà de ce témoignage, il y a des faits qui se multiplient et des emballements qui s'enclenchent. Le changement climatique est de plus en plus visible, même en France. Ce qui semblait appartenir au domaine de la banquise et des ours blancs frappe aujourd'hui à notre porte, avec l'effondrement de montagnes dans les Alpes, avec l'assèchement du lac d'Annecy, avec des communes ravitaillées en eau par des camions-citernes. Il y a une prise de conscience qui touche le grand public de manière beaucoup plus forte qu'avant. Par contre, elle n'ébranle pas le pouvoir en place. Ce n'est pas au niveau des pouvoirs traditionnels et institutionnels que les choses vont pouvoir se faire. Il y a également d'autres facteurs de vulnérabilité du côté du numérique et des algorithmes, du côté de la finance mondialisée. Tout ceci est interconnecté et rend l'édifice très fragile. Il suffirait qu'une maille craque pour que tout s'effondre. Mais le climat et la biodiversité ont malheureusement une grosse longueur d'avance en matière de probabilité d'un effondrement de nos sociétés.

L'urgence coïncide avec une forme de prise de conscience. On arrive à un moment où on peut inventer et construire des formes d'action politique nouvelles avec des réseaux nouveaux, avec des alliances nouvelles et avec, je l'espère, des résultats inédits.

Comment expliquer, si se produit la prise de conscience que vous évoquez, qu'il y ait Trump aux États-Unis, Bolsonaro au Brésil, Poutine en Russie et tant d'autres, qui nient ou négligent la question écologique ?

Les facteurs sont multiples et les contextes différents. Mais il est évident qu'on assiste à une vague de mouvements d'extrême droite. Le point commun à tous ces pays est une succession de trahisons des gouvernements, quelle que soit leur étiquette, trahisons qui ont durablement et profondément entamé la confiance des populations envers leurs représentants. Il se produit une crise de la démocratie représentative. Avec de ce fait une prime à des candidats qui portent une parole forte et incarnent des personnalités viri-listes, puissantes.

Il me semble aussi que la galère, les situations sociales difficiles ou les perspectives effrayantes d'un point de vue climatique ne créent pas davantage de conscience politique, de solidarité, d'entraide et de réflexes humanistes mais que cela provoque du repli. Quand vos conditions d'existence sont un combat de tous les jours et que la première question que vous ayez à résoudre est de savoir quelle facture vous allez payer entre le loyer, la cantine ou les lunettes, cela ne laisse pas beaucoup de disponibilité d'esprit pour l'intérêt général et l'avenir de la planète.

Vous parlez à la fois d'une prise de conscience qui s'accélère, et d'une montée de l'extrême droite. N'est-ce pas contradictoire ?

Beaucoup de personnes ne font pas le lien entre le dérèglement climatique ou l'extinction de la biodiversité et le système capitaliste, l'organisation de la production et la politique. Les médias dominants

– ou dominés, c'est selon – traitent ces questions dans une espèce de confusion. Les reportages sur la taxation des carburants ne font pas le lien avec la disparition des services publics de proximité, ou des lignes de chemin de fer. On entend parler de réchauffement comme si c'était une série d'épisodes météo, sans que cela soit relié à l'organisation de la ville, de la vie.

Comme si cela restait une sorte de fatalité…

Oui, et comme s'il s'agissait d'événements isolés. Si l'effort pédagogique n'est pas relayé par les médias de grande écoute, la prise de conscience a du mal à se raccrocher à des questions politiques d'organisation de la cité, et à trouver un débouché institutionnel.

Mais on discute uniquement de la manière dont cela peut s'exprimer par le vote, par les élections et par un débouché partisan, institutionnel. Or aujourd'hui, le débouché naturel de cette inquiétude, de cette prise de conscience, ne va pas du côté des partis ni des élections. Il se reflète du côté de cette société civile dont on avait jusqu'ici du mal à voir ce qu'elle recouvrait. Aujourd'hui, il y a des mouvements, des réseaux, des résistances locales, des initiatives collectives qui ne font pas partie du système représentatif, qui ne se présentent pas au suffrage universel, mais qui permettent de proposer un débouché, soit en matière de résistance, soit en matière de construction d'alternatives, soit en matière de désobéissance civile. C'est plus à cette aune qu'il faut mesurer la prise de conscience et sa traduction en actes que dans les résultats électoraux.

Pourtant votre principal mode d'action pour faire avancer les idées sociales et écologistes a été jusqu'à présent le système de l'élection et du parti.

Oui.

Vous n'y croyez plus ?

Je continue à croire à l'utilité des partis politiques et à l'importance d'avoir une forme de démocratie institutionnelle ; je continue à penser qu'un jour d'élection est peut-être le seul jour de l'année où la voix de chacun vaut la voix d'un autre.

Par contre, ce qui a changé, c'est que je l'ai vécu de l'intérieur. Et je continue à l'expérimenter au quotidien comme élue d'opposition dans une région présidée par Laurent Wauquiez [Auvergne-Rhône-Alpes], avec tout ce que cela implique de frustrations, d'impuissance, tout ce que ça génère d'assister à des prises de décision et à des politiques qui laminent des cortèges entiers d'associations, de petits festivals, de réseaux, et qui apportent une régression environnementale énorme.

L'impression d'être le témoin impuissant d'un désastre…

Oui, tout à fait, et ne pas pouvoir remplir son mandat. Parce que les gens qui nous ont élus, certes on les représente, on fait entendre une autre musique, on a réussi à faire annuler le budget de Laurent Wauquiez, on arrive à stopper des mesures devant les tribunaux, mais on n'est qu'un caillou dans la chaussure de Laurent Wauquiez, ça ne l'empêche pas d'avancer. Et en attendant, les dégâts sont faits sur le terrain.

De même que le fait d'avoir participé de manière très active pendant dix ans à la vie interne du Parti de gauche, et ensuite à la dynamique interne de la France insoumise, avec plus de distance, montre aussi les limites de cette voie. Les processus électoraux, les phases de désignation interne des candidats, les discussions, les bisbilles internes, les négociations stratégiques autour des alliances, les campagnes, prennent une place et dévorent beaucoup de temps et une énergie folle.

Jusqu'ici, je faisais avec, dans l'idée qu'on avait besoin d'être à la fois dans les rues et dans les urnes, et qu'il y avait une stratégie de conquête du pouvoir à avoir parce que beaucoup de choses dépendent du niveau gouvernemental, des lois qui sont décidées au niveau du Parlement. Je continue à le penser, mais il y a une nouvelle donne : la question du temps qui nous reste pour effectuer des changements importants.

Le temps nous étant compté, toute cette énergie dépensée à des stratégies électorales de conquête du pouvoir entre en contradiction, et presque en compétition, avec du temps consacré à l'action directe. Et quand je dis action directe, je pense au fait de planter des arbres, de remettre en culture des terres qui ne le sont pas aujourd'hui, mais également à des actions de blocage. Parce qu'on a tenté plein d'actions : pétitions, appels, tribunes, manifestations… Mais aujourd'hui, là aussi, on arrive aux limites de l'exercice. Je ne juge pas ceux qui continuent à militer dans des partis : cela reste respectable et nécessaire, ce sont des choix de modes d'action différents et complémentaires.

Finalement cette culture du nombre – où on part du principe qu'il faut qu'il y ait le plus de gens possible et que le rapport de force va être proportionnel au nombre de gens qu'on va arriver à impliquer dans une action – et en même temps cette culture de la demande, où on passe notre temps à nous adresser au préfet, à Laurent Wauquiez, à Emmanuel Macron, au ministre ou à je ne sais qui, ont atteint leur limite. Il faut changer de braquet et passer à d'autres formes d'action.

Quelles actions engager pour prévenir l'effondrement ou se préparer à y faire face ?

Les deux se rejoignent en partie. Il y a des actions qui permettent à la fois de retarder l'effondrement et de préparer une période post-effondrement. Par exemple, planter des arbres ou remettre des terres en culture. L'agroforesterie permet d'avoir un effet dès aujourd'hui sur le climat et la biodiversité et, en même temps, de relocaliser la production alimentaire. En cas d'effondrement, la question de l'approvisionnement alimentaire sera rapidement cruciale, parce que les stocks ne sont pas si importants et que nombre de territoires sont dépendants de l'extérieur pour se nourrir.

Ce genre d'actions permet également de rétablir un peu de justice sociale, puisque ce sont les plus pauvres qui sont en première ligne, et que la question alimentaire fait partie des premières inégalités aujourd'hui.

L'effondrement ne touchera pas tout le monde de la même manière : pourrait-on voir l'avènement d'une société encore plus inégalitaire qu'aujourd'hui ?

C'est un vrai risque. Aujourd'hui, personne n'est capable de dire si l'effondrement aura lieu de manière certaine, et on n'est pas non plus capable de dire comment il aura lieu. Ce pourrait être un effondrement brutal tout comme un effondrement beaucoup plus insidieux, avec une lente et longue dégradation.

Dans tous les cas, la question des inégalités sociales et de la lutte des classes sera d'actualité. Aujourd'hui, face aux premières catastrophes climatiques, une oligarchie est en train de se mettre à l'abri, prépare des modes de vie adaptés, fait des réserves, construit des bunkers, des îles artificielles…

Il y a des stratégies d'évitement, d'adaptation, de protection de la part d'un certain nombre de personnes qui peuvent se le permettre parce qu'elles en ont les moyens. À côté, les premiers touchés à l'échelle mondiale par les ouragans, les tempêtes, les inondations, les incendies, sont souvent ceux qui ont des habitats de fortune… Il y a déjà une inégalité sociale, et au fur et à mesure que les ressources non renouvelables vont s'amenuiser, au fur et à mesure que la pénurie va s'installer, certains vont s'approprier ces ressources, et ce ne seront pas les plus miséreux, les précaires ou les minorités.

On pourrait ainsi voir se perpétuer une société à deux vitesses où quelques-uns ont droit à un air pur, à un environnement végétal, à un accès à des produits frais, et où d'autres survivent dans la crasse et la misère avec des produits de synthèse. C'est un thème exploré par la science-fiction dans les années 1970 et qui devient un scénario plausible.

Dans les actions que vous citez – quitter la politique représentative, planter des arbres et faire de l'agroforesterie –, ne manque-t-il pas un aspect : faire face aux oligarques qui continuent

de construire des autoroutes, de promouvoir la croissance, de lancer des autos électriques... ?

J'ai parlé des blocages de chantier. Vinci, un exemple énorme en France, est capable d'influencer suffisamment les politiques pour imposer des projets d'infrastructures dont l'utilité sociale n'est pas démontrée, mais qui vont permettre aux entreprises de toucher des péages, des frais de parking et de construction... Il y a des actions à mener contre ces gens.

Le blocage n'est-il pas là le nouveau paradigme des luttes écologistes : Notre-Dame-des-Landes, Sivens, Roybon, (Grand contournement ouest de Strasbourg) GCO... ?

Absolument. Mais l'un n'empêche pas l'autre. Les opposants au GCO ont récemment mené deux actions différentes, portées par deux mouvements d'opposants, mais simultanées. Tandis que GCO Non Merci regroupait 400 personnes pour planter des arbres et des arbustes le long du futur tracé du GCO, la Zad du Moulin bloquait un chantier de Vinci. En Angleterre, Extinction Rebellion a fait la même chose : ils ont commencé par bloquer des ponts à Londres et ont fini en plantant des arbres en plein centre-ville. On a besoin d'actions qui mêlent ces deux modes opératoires. Il faut mêler les résistances et les alternatives.

Au-delà, nous devons avoir une réflexion stratégique sur le fait de mener des actions « grand public » et des actions plus radicales. Les premières permettent d'avoir une sympathie du grand public – et pour l'avoir un peu testé, le fait de planter des arbres, il n'y a rien de plus populaire – et donc de mener ensuite des actions plus radicales. Elles auront d'autant plus de sens et de possibilité de faire bouger les choses qu'elles seront associées à d'autres actions, plus « faciles ».

Je m'inscris totalement dans ce qui a été fait à Notre-Dame-des-Landes ou à Bure, mais ça ne peut pas se généraliser du fait de leur contexte particulier. Les vecteurs de généralisation se trouvent du côté d'Alternatiba, d'Attac, de Bizi !, des organisations qui mènent des actions de désobéissance civile, telles que le blocage du sommet des pétroliers à Pau début 2016, mais également les actions contre Apple ou contre les banques avec le fauchage de chaises et les peintures sur les vitrines. Et j'espère qu'on va arriver à un stade de maturité, de conscience du grand public, où l'on pourra aller plus loin, y compris en matière de redistribution directe.

Casser des magasins comme ceux d'Apple ?

Plutôt que de dire que certaines banques ou grandes sociétés font de l'évasion fiscale et de les montrer du doigt, à quel moment va-t-on concrètement récupérer l'argent ? On n'est pas mûr aujourd'hui, mais c'est vers cela qu'il faut tendre. Revaloriser la figure du pirate, du Robin des bois, comme on a réhabilité les sorcières.

Nombre de Gilets jaunes sont aujourd'hui poursuivis. De même, Extinction Rebellion implique que les participants soient prêts à faire de la prison. Mais faire de la prison, ça affaiblit considérablement un mouvement, quand on voit ce qui se passe à Bure autour du contrôle judiciaire. Que faire face à cela ?

Dans les vidéos des arrestations d'Extinction Rebellion, les policiers anglais mettent la main sur la tête des militants pour qu'ils ne se cognent pas quand ils entrent dans le fourgon. On est loin des scènes qu'on vit en France. Donc, je ne transpose pas directement. Mais il y a des choses très intéressantes à regarder du côté de ce mouvement, comme le fait de former les gens, ou de faire des arrestations des actes politiques.

Cela inverse la donne : au lieu d'être une défaite, l'interpellation devient une revendication politique. C'est ce qu'ont fait plusieurs faucheurs de chaises, agissant à visage découvert et assumant le fait qu'il puisse y avoir des arrestations et un procès. Le procès permet de porter un discours politique et de faire œuvre de pédagogie et de conscientisation.

Il faut que ce soit organisé, que les gens soient formés et qu'on ne les envoie pas au casse-pipe. Extinction Rebellion a été critiqué au motif que plein de personnes ne peuvent pas se permettre d'être arrêtées et d'aller en prison. Raison de plus pour que ceux qui peuvent se le permettre soient en première ligne. Cela ne veut pas dire prendre des risques inconsidérés. L'important est d'être efficace, pas de faire des martyrs.

On doit provoquer des débats dans la société, et ça passe par des actes qui clivent. Cela a été un des grands apports de la Zad : à un moment, dans toutes les chaumières de France, on parlait de Notre-Dame-des-Landes. Il y avait des contre, des pour, mais il y avait un vrai débat qui incluait tout le monde. Il faut qu'on trouve le moyen de provoquer un grand débat de société autour de l'urgence climatique, autour de l'extinction de la biodiversité, et ça passera par des actions qui clivent, mais qui ne sont envisageables qu'à partir du moment où on a mis en place un mouvement de sympathie et de construction d'alternatives.

Le malheur des zadistes et desdits « malfaiteurs de Bure » est qu'ils ont été insuffisamment soutenus. Ils ont fonctionné en îlots de résistance, mais, aujourd'hui, on a besoin que ces îlots fassent archipel. D'où la nécessité de créer des passerelles entre les réseaux qui se posent les mêmes questions, dans les mêmes termes, avec les mêmes envies d'action, mais qui ne se connaissent pas. Entre les gardiens de refuge, les guides de haute montagne, les forestiers de l'ONF et les mouvements organisés de militants, les partis, certaines maisons d'édition, certains médias, on a là un archipel en devenir, qui peut devenir très puissant s'il parvient à créer les passerelles et à mener une réflexion stratégique commune.

Outre des actions directes, comment vit-on au quotidien avec une conscience écologiste ?

On ne passe pas tout à coup de la prise de conscience qu'il y a un truc qui ne tourne pas rond à barbouiller les vitrines de la Société générale. Il y a besoin d'un parcours de radicalisation politique.

En revanche, la manière dont je consomme, dont j'achète, dont je vais mettre les mains dans la terre relève plus d'un équilibre personnel que d'une revendication politique. Je n'ai pas l'impression de faire la révolution en participant à une association de jardins nourriciers. Par contre, ce sont des moments dont j'ai besoin et qui me donnent de la force pour repartir au combat politique. Quand je me balade en montagne, je me souviens de pourquoi je fais tout ça. On ne défend bien que ce qu'on a appris à aimer et qu'on a éprouvé par les sens.

Dans un autre entretien, vous avez dit qu'il faut compléter la dimension politique par une dimension spirituelle. Qu'entendez-vous par là ?

Je viens d'une culture politique où la spiritualité est un gros mot. L'héritage des Lumières, l'attachement à la laïcité font que tout ce qui ressemble de près ou de loin à des questions religieuses est tenu à distance de la sphère politique.

Mais il me semble de plus en plus qu'un changement politique et de la société nécessite qu'il y ait de vrais changements intérieurs des personnes qui sont appelées à mener cette insurrection, cette rébellion, cette révolution. Sans ces cheminements intérieurs, on fera peut-être la révolution, mais je suis de moins en moins sûre que le résultat soit meilleur que l'ancien.

La majorité des responsables politiques, mais aussi des militants, sont pris dans une spirale de l'instantanéité, du commentaire, de l'actualité, de courir d'une lutte à l'autre… Ils ne prennent plus le temps de se poser, de lire, de méditer, de contempler, de s'ouvrir à ces temps de réflexion qu'on n'est pas obligé de valoriser immédiatement par un tweet ou une publication Facebook. Des actes désintéressés qu'on fait pour soi. C'est en ce sens que je parle de spiritualité. On a besoin d'avoir des allers-retours entre le militantisme et la réflexion.

Je travaille depuis plusieurs mois sur la notion de dignité du présent. Parce qu'il est difficile de garder l'énergie et le courage de militer avec la perspective de l'effondrement. Puisqu'on va dans le mur, que la victoire est de plus en plus hors de portée, à quoi bon continuer à lutter ? Ma conviction est que les raisons des combats qu'on mène ne sont pas uniquement à chercher dans des victoires futures. Elles sont aussi à chercher dans cette dignité du présent qui permet d'être fier de qui on est, de la manière dont on occupe son temps. Il y a une vraie satisfaction à militer, à mener des combats parce qu'on les estime justes et pas seulement parce qu'on peut les gagner. C'est un appui dans lequel je trouve de la ressource pour continuer à avancer et à me battre.

Propos recueillis par Hervé Kempf
et Lorène Lavocat

Jon Palais

« L'enjeu est la transformation collective, pas la transformation individuelle »

Jon Palais est un militant écologiste de longue date. Après s'être engagé à Greenpeace, il s'est investi dans le mouvement Alternatiba et anime aujourd'hui ANV-COP21.

Reporterre. Comment en êtes-vous venu à vous intéresser à l'écologie ?

Jon Palais. J'ai grandi à la campagne. Je me suis toujours senti bien au contact de la nature. À l'école primaire, j'avais le cahier Panini du WWF, avec des autocollants d'animaux : les mammifères, les oiseaux… et les animaux disparus, comme le dodo. C'est la première fois où je me suis dit qu'on faisait disparaître des espèces animales.

Il y a aussi eu Tchernobyl, en 1986. J'avais 7 ans. Ma mère m'a dit que, ce jour-là, je me promenais tout nu sur la plage. Personne n'avait été informé que le nuage radioactif passait. Dès les années 1980, les alertes étaient très fortes, même si l'écologie était marginalisée. On parlait du trou dans la couche d'ozone, de la déforestation, de pollutions toxiques, des signaux largement suffisants pour interroger notre mode de vie et la trajectoire qu'on prenait.

Entendiez-vous ces informations à l'école, en famille ?

À l'école, pas tellement. En famille, je n'ai pas de souvenir particulier. C'est venu par les médias. Quand on est sensible à cette question, il suffit d'avoir une alerte pour la prendre au sérieux. J'ai toujours eu un sentiment de gravité prononcé. Dès le départ, j'avais le sentiment de quelque chose d'irrémédiable. Une forêt millénaire qu'on coupe, les disparitions d'espèces, c'est irrémédiable.

Votre entourage partageait-il ce sentiment de gravité ?

Non. L'écologie apparaissait comme quelque chose de marginal. Pour moi, une des premières images de l'alerte écologique a été Greenpeace. Dans les années 1990, les écolos de Greenpeace étaient marginalisés.

Comment cette imprégnation est-elle devenue une préoccupation concrète ?

En vivant en ville, à Bordeaux et à Marseille, pour mes études, puis pour travailler. Au départ, je travaillais dans l'audiovisuel, un métier qui nécessite d'être en ville. Mais c'était une souffrance pour moi d'y aller. J'avais toujours l'idée de revenir à la campagne.

Avez-vous choisi vos études avec l'idée de travailler dans l'environnement ?

Quand j'étais tout petit, oui. Après, je n'ai pas tellement anticipé. J'aimais bien le dessin, j'ai donc fait du dessin. Et à partir des arts plastiques, je suis arrivé au cinéma, puis à l'audiovisuel. Deux événements ont créé un déclic. En 2006, j'ai croisé un recruteur de Greenpeace dans la rue et j'ai décidé d'adhérer. J'avais environ 25 ans, lu des livres et mieux décrypté le problème. Avoir une opinion ne suffisait plus. Greenpeace symbolisait pour moi une forme de radicalité : des actions directes non violentes, où l'on s'interpose, où l'on est directement à l'endroit du problème.

Au même moment, j'ai vu le film de Richard Attenborough sur Gandhi. Ce fut pour moi le premier choc de compréhension de ce qu'est l'action non violente. J'étais allé à Greenpeace sans savoir qu'ils sont non violents. C'est après que j'ai découvert à quel point c'est une valeur fondamentale chez eux. À Greenpeace, j'ai participé à beaucoup d'actions qui m'ont permis d'acquérir des expériences de non-violence.

Quel type d'actions ?

Bloquer des trains de déchets radioactifs, entrer dans des centrales nucléaires… Une action qui m'a marqué a été le déversement de charbon devant le ministère. C'était en 2008, Jean-Louis Borloo était ministre de l'Écologie. On a déversé du charbon devant l'entrée et on s'est mis sur le tas avec des systèmes de blocage. Quand les policiers sont arrivés, il y a eu un long face-à-face. Nous étions une dizaine en ligne sur notre tas de charbon. Les policiers étaient en rang.

On portait des masques à poussière, pour mettre en scène le fait que le charbon est sale. Ça a eu un effet imprévu. Le face-à-face s'est transformé en combat de regards. Normalement, dans ce type d'action, quand on ne peut pas parler aux gens à qui on fait face, on essaie d'avoir un contact visuel. Mais avec le masque, c'était compliqué parce que mon visage était coupé en deux. J'en voyais un ricaner, chuchoter à son collègue. On sentait qu'ils se disaient : « Ils vont voir ce qu'ils vont voir. »

Pourquoi essayiez-vous d'établir un dialogue avec eux ?

Cette action n'était pas contre les policiers. Ils ne sont pas le problème. Par contre, on va être en confrontation avec eux vu que leur boulot est de rétablir l'ordre qu'on perturbe. Nous devons désamorcer ça, décaler les choses pour qu'ils ne nous perçoivent pas comme LE problème.

Quand ils ont reçu l'ordre de nous sortir, ils nous ont couru dessus alors qu'ils étaient à cinq mètres. Ils se sont cassé la figure sur nous parce que les bouts de charbon étaient ronds et qu'ils étaient arrivés en tenue antiémeute alors que nous étions attachés ! Ça m'a fait glisser en arrière, ça devenait dangereux parce que j'avais les bras coincés dans les tubes en métal. J'ai dit : « Attention à nos bras, on est attachés, vous risquez de nous blesser. » L'un d'eux a éclaté de rire et a dit un truc du style, « c'est le pompon ». Globalement, l'idée c'était : « Déjà qu'ils bloquent et en plus il faudrait faire attention à eux ! » Alors que si, bien sûr ! Ce n'est pas parce qu'on désobéit qu'on n'a plus aucun droit !

On a continué de parler avec eux. Au début, ils ne nous écoutaient pas. Ils essayaient d'enlever nos bras. Ils ont vu qu'ils ne comprenaient pas le système, ils ont fini par écouter ce qu'on leur disait. On leur a expliqué qu'on ne leur dirait pas le système de blocage, parce qu'on voulait rester là le plus longtemps possible, tant qu'on n'aurait pas de réponse du ministère. Une sorte de dialogue s'est installé. Ils ne l'ont pas mal pris, dès lors qu'on expliquait ce qu'on faisait sans agressivité à leur égard.

Comme les tubes en métal étaient trop compliqués à défaire pour eux, ils ont voulu nous porter tous en même temps jusqu'au bus de police. Leur chef faisait super attention à nous, il n'arrêtait pas de dire « Attention, lui, son bras plus haut, ne leur faites pas mal ». Il y avait eu un retournement de situation : ils étaient arrivés en nous voyant comme leurs ennemis et ça s'est terminé par une forme de coopération. On n'allait pas les aider à nous déloger, mais on n'allait pas non plus se débattre, on n'allait pas les taper. Une fois qu'ils ont compris ça, ils se sont donné pour objectif de ne pas nous blesser.

Comment êtes-vous passé de Greenpeace à Alternatiba ?

Je déménageais souvent. Quand je suis retourné vivre au sud des Landes, à la frontière du Pays basque, début 2011, il n'y avait pas de groupe local de Greenpeace. J'ai découvert Bizi ! sur internet, c'était l'association qui ressemblait le plus à Greenpeace. Je l'ai donc rejointe. À Greenpeace, je voyais le climat comme une campagne comme les autres. À Bizi !, le sentiment d'urgence est beaucoup plus vif. L'ADN de Bizi !, c'est l'écologie et la justice sociale, et le lien entre le local et le global. J'y ai pris conscience que le climat conditionne tellement les autres batailles qu'il s'agit d'un axe central. Pas plus important, mais central et global. À travers le climat, on peut militer sur plein d'autres choses.

À ce moment, il n'y avait plus de mobilisation citoyenne pour le climat. Elle était retombée après la conférence sur le climat de Copenhague en 2009. Bizi ! est né suite à la mobilisation qui s'était faite pour la conférence de Copenhague, dans l'optique de traduire ce message global sur des chantiers locaux. Par exemple, à travers une politique de transports collectifs, de pistes cyclables, de monnaies locales. Dans une logique altermondialiste où l'on fait partie d'un mouvement global. Sauf qu'en 2012, il n'y avait plus de mouvement global ! Réussir la transition au Pays basque, si elle n'était pas réussie ailleurs, n'avait aucun sens.

On s'est dit qu'il manquait une stratégie globale. On a posé la question aux Amis de la Terre, à Attac, au Réseau Action Climat, à Greenpeace. Ils ont répondu que non, il n'y avait pas de stratégie [rires].

Il fallait construire quelque chose qui continuerait quels que soient les résultats de la COP[1] de 2015 à Paris. Il y avait quelque chose à rectifier par rapport à Copenhague, où l'idée dominante avait été de manifester et de s'en remettre à la décision des politiques. L'échec de cette idée explique l'énorme déception qui a suivi. Alternatiba est né de cette réflexion. Le Village des alternatives – où l'on réunit et montre dans les rues d'une ville les possibilités concrètes de vivre autrement – a été conçu comme un déclencheur de ce mouvement. Et ça a fonctionné. Je me suis occupé du

1. "Conference of parties" : conférence annuelle des États signataires de la Convention des Nations unies sur le changement climatique.

Village des alternatives avec d'autres personnes. Puis trois, quatre, cinq groupes ont commencé à organiser leurs propres villages des alternatives à Nantes, Lille, Bordeaux. Un réseau était en train de naître.

Comment s'est passée la bascule de Greenpeace, où vous faisiez des actions de dénonciation, à Alternatiba qui met en avant des alternatives ?

Greenpeace n'est pas seulement dans la dénonciation : son slogan était déjà « Les solutions existent ». Chaque fois qu'ils dénoncent, ils ont une expertise et une contre-proposition. Mais il est vrai qu'historiquement ils se sont construits sur l'alerte. Alternatiba a répondu à une attente très forte. Les gens étaient tétanisés, rongés par les mauvaises nouvelles. Alternatiba leur a apporté un message extrêmement positif qui a permis à beaucoup de commencer à s'engager. Mais moi, je n'avais connu aucun changement intérieur. C'étaient des choix stratégiques. Je choisis mes cibles en fonction de critères stratégiques, pas par passion.

Quels soubassements intellectuels, quels livres ont nourri votre réflexion ?

C'est en agissant avec Greenpeace que j'ai commencé à me poser des questions de stratégie. À Greenpeace, un gros travail d'expertise sur les campagnes est mené, mais aussi un travail de stratégie. Il y a des actions que l'on peut réussir d'un point de vue technique, et qui n'ont pas d'effet politique. Par exemple, un jour, on a bloqué le chantier de l'EPR de Flamanville. Juste après le début du blocage, une nouvelle est tombée : la mort de Ben Laden. Notre action ne servait à rien ! Pourtant, on avait réussi à tout bloquer. Certes, c'est le genre d'événements qu'on ne peut pas anticiper. Mais une action menée le mauvais jour n'est pas stratégique.

Exemple inverse : on voulait bloquer des trains de déchets nucléaires à la frontière belgo-néerlandaise. Mais les policiers étaient au courant, il y en avait partout, et on n'avait pas eu le temps de se verrouiller qu'ils nous embarquaient déjà. Les trains de déchets nucléaires sont passés tranquillement. Sauf qu'on a eu un écho médiatique très important et très favorable en Belgique. Voilà donc une action ratée qui, stratégiquement, avait réussi.

Comme on n'est qu'une poignée d'activistes et que la nature est attaquée de partout, il faut viser juste. On ne peut pas se permettre de faire des actions qui ratent, ou de mettre trop d'énergie sur des objectifs qui ne sont pas les bons.

J'ai étudié Gandhi, Martin Luther King et Srdja Popovic. Il y a un site internet, Canvasopedia.org, qui regorge de ressources sur la stratégie non violente. J'ai aussi été inspiré par le mouvement des étudiants serbes Otpor !, l'étincelle qui a conduit à l'arrestation de Slobodan Miloševič. Ils ont appliqué les théories de Gene Sharp, qui a beaucoup théorisé la stratégie non violente et écarte de son analyse les arguments moraux – à la différence de Gandhi ou Martin Luther King. Otpor ! les a appliqués avec succès et reformulés dans un manuel, *La Lutte non-violente en cinquante points*.

Pourquoi avez-vous lancé ANV-COP21 ?

D'abord, pourquoi Alternatiba ? Beaucoup de militants écolos avaient arrêté de mobiliser sur le climat, parce qu'ils étaient arrivés au diagnostic que c'est un problème abstrait, global, technique, qui semble impalpable. En plus, c'est tellement angoissant que ça tétanise ceux à qui on arrive à l'expliquer. Donc on n'activait que des leviers de paralysie.

Il fallait remédier à ces obstacles. Plutôt que de parler du climat d'une manière abstraite et négative, il fallait le faire d'une manière positive et concrète. Transformer le centre-ville en village des alternatives au changement climatique permettait de dire aux gens que le climat, c'est l'agriculture à travers la nourriture qu'ils mangent, le vélo, l'énergie, la réparation, la relocalisation… Et les aider à avoir prise sur le problème par l'angle positif des solutions.

Mais à l'approche de la COP21, on ne pouvait pas rester seulement sur un message positif. D'où ce qu'on a théorisé, qu'il faut marcher sur deux jambes, les alternatives et la résistance. Le débat au sein d'Alternatiba a duré deux ans, pour que les gens voient la complémentarité des actions d'opposition et des actions d'alternatives, et non les contradictions.

ANV-COP21 est donc né d'une discussion interne à Alternatiba.

Au printemps 2015, on voyait s'approcher la COP et on s'est dit que le débat sur la stratégie à suivre ne se conclurait pas avant. C'est pour cela qu'on a lancé un autre mouvement, ANV-COP21, pour mener des actions. Puis Alternatiba a décidé de mener aussi des actions non violentes. Comme on avait beaucoup de militants en commun, on a jumelé les deux mouvements en 2016 pour ne pas faire double emploi.

Pourquoi le choix stratégique de la non-violence ?

Il n'y a pas de bonne ou de mauvaise stratégie en soi, ça dépend de l'objectif. Qu'est-ce qui est le plus efficace, une scie ou une casserole ? Ça dépend si on veut couper du bois ou faire chauffer de l'eau.

Notre diagnostic est qu'il faut un changement complet du système. Il y a deux raisons que cela se fasse par un mouvement de masse : pour le rapport de force et pour la justice sociale. Ce ne sont pas seulement des intellectuels qui doivent le théoriser, des politiques qui doivent prendre des mesures courageuses, des multinationales qui doivent ajuster des trucs ; on doit changer de mode de vie.

La stratégie non violente nous semble la plus adaptée pour favoriser l'émergence d'un mouvement de masse. Parce que nos sociétés condamnent la violence. Tout le monde est offusqué par la violence, des hommes sur les femmes, des riches sur les pauvres, des humains sur les animaux. Donc la non-violence est une garantie de légitimité aux yeux de la majorité de la population.

Si la violence sert à exercer un rapport de domination, la non-violence signifie-t-elle le refus d'exercer un rapport de domination ?

J'essaie d'éviter d'expliquer ce qu'il y a de contre-productif dans la violence parce que ça agace toujours des gens, et que je ne veux pas les contrarier ou expliquer ce qu'il ne faut pas faire. Mais un gouvernement instrumentalise aisément la violence, ou la contre-violence (l'emploi de la violence en réponse à la violence de l'État). Quand on mène des actions violentes, il est facile pour le gouvernement d'en occulter le message politique, de le réduire à son caractère violent et de criminaliser le mouvement. Le gouvernement a beaucoup plus de moyens de violence que nous. Si l'on va sur ce terrain, s'ils ont envie de t'arrêter, ils t'arrêtent, s'ils ont envie d'infliger trois mois de prison ferme, ils les mettent, s'ils ont envie de perquisitionner, ils perquisitionnent !

Dans la stratégie non violente, tu essaies que ce soit toi qui pièges ton adversaire, que la bataille se déroule sur un terrain que tu maîtrises mieux. Par ailleurs, la non-violence permet à plein de gens d'entrer dans la lutte. Agir de manière violente est intimidant pour la plupart des gens. La non-violence est plus accessible.

Enfin, Gandhi disait que la fin est dans les moyens, comme l'arbre est dans la semence. Si l'objectif est de former une culture de non-violence, cela ne se construit pas avec des actions violentes. Même si l'on arrive à manier la violence à son avantage, on conforte la logique de la violence. Qui est une logique de négation de l'humanité de l'autre, de domination, d'oppression.

Il faudrait réduire les émissions de gaz à effet de serre de 3 % par an au niveau mondial pour être en 2050 à moins de 1,5 °C de réchauffement par rapport à l'ère pré-industrielle. En 2018, comme en 2017, on est à + 2 %. Comment faire face à un système qui continue avec toute sa puissance à détruire l'environnement ?

Le système n'est pas durable. Il dysfonctionne de tous les côtés. On pollue tout, les injustices se creusent, les démocraties sont en crise, on commence à être impactés par les catastrophes écologiques, la finance part en vrille et une nouvelle crise économique se prépare. Donc une chose est certaine, ça ne va pas rester comme ça.

La déstabilisation croissante du monde va-t-elle favoriser la solidarité ou les barbelés ? Comment fera-t-on quand le jeu sera renversé sur la table, pour arriver à ce que les choses se reconstruisent de manière écologique et solidaire et pas avec plus d'extrême droite, de néolibéralisme et d'oligarchie ?

Là, on est à 1,1 °C de réchauffement. D'après ce que j'ai étudié, en coupant les robinets des émissions de gaz à effet de serre tout de suite, avec l'inertie, on sera à 1,4 °C. Ce qui veut dire que, géophysiquement, on peut rester sous 1,5 °C ! C'est d'une énorme complexité d'un point de vue socio-économique et politique. Mais ce n'est pas impossible.

Le dérèglement climatique est déjà dramatique et tout seuil d'aggravation sera dramatique. 1,5 °C sera bien pire que 1,1 °C, 2 °C sera pire mais 1,6 °C, 1,7 °C, 1,8 °C aussi. On vit avec l'idée que chaque dixième de degré compte et que chaque action, chaque effort qu'on fait, chaque limitation même insuffisante, a du poids. Quand on empêche l'ouverture d'une centrale à charbon, un projet de gaz de schiste, qu'on maintient dans le sol des énergies fossiles, on participe à la limitation. Elle est insuffisante, mais est-ce que c'est parce que c'est insuffisant qu'il ne faut plus le faire ? Non !

Ces questions nous travaillent énormément. Ce qui nous fait tenir, c'est qu'on n'est jamais seul.

Alternatiba et ANV ont des formes très horizontales où l'on développe beaucoup les polyvalences. Les gens changent souvent de rôle, ils vont faire de la communication, de la logistique, de la stratégie, ils participent aux décisions politiques. Le sentiment collectif est très fort. On n'est pas les mêmes quand on vit collectivement l'urgence, la gravité, la répression que quand on les vit tout seul.

Il est très important de comprendre ça, parce qu'affronter tous les jours le problème de la fin du monde, c'est horrible. Nous-mêmes, quand on fait des conférences, des formations, on est toujours autant ébranlés par ce qu'on dit. C'est tellement inhumain, le moment est tellement extraordinaire à l'échelle de l'histoire de l'humanité que c'est quasiment impossible à intégrer. C'est une énorme violence et c'est la force collective qui permet de vivre avec ça. Sinon, on s'effondre.

Comment cette préoccupation pour l'avenir se traduit-elle dans votre vie quotidienne ?

Depuis quelques années, le militantisme prend tout dans ma vie. Je ne pense pas que ce soit possible très longtemps. Mais ça a été possible beaucoup plus longtemps que ce que je pensais au départ. J'ai toujours cru que j'allais pouvoir me reposer dans six mois. Depuis cinq ans [rires].

Il y a plein de contradictions. C'est comme faire des actions pour la réduction du temps de travail : il faut que tu travailles plus pour faire passer le message politique qu'il faut travailler moins. C'est ça, le militantisme. On est pour un mode de vie où les gens peuvent prendre le temps de vivre et nous, on ne le prend pas [rires].

Ça fait longtemps que je suis végétarien, j'achète mon électricité à Enercoop, les légumes sont produits localement, le compte bancaire est à la Nef, etc. J'essaie d'être au maximum en cohérence. Mais il y a des choses sur lesquelles c'est plus compliqué. J'habite à la campagne, j'ai une voiture, ça pollue. Pour venir vous voir aujourd'hui, j'ai pris la voiture pour aller à la gare. Je viens à Paris pour participer à des réunions dont j'espère qu'elles vont faire bouger les choses. J'espère que ce qu'on fait va permettre de réduire davantage les émissions de gaz à effet de serre que ce qu'on émet pour le faire. Parce que tout a une empreinte écologique. On est souvent l'objet des procès de gens qui nous disent : « Vous nous demandez d'être écolo, mais vous avez une voiture, votre truc est en plastique », etc. Comme si l'on venait d'une autre planète !

Mais qu'est-ce que ça change à la trajectoire du monde que je réduise encore plus mon empreinte carbone ? Le plus important dans notre mode de vie, c'est notre engagement politique. L'enjeu est dans la transformation collective, pas dans la transformation individuelle ni la somme des transformations individuelles. On a un changement d'échelle à faire. Donc il faut trouver des effets de levier, il faut changer les choses en masse. Les efforts personnels ne pèseront rien sur la balance dans quinze ans par rapport à ce qu'on aura réussi à infléchir ou pas dans les politiques nationale et internationale.

Les militants d'aujourd'hui, on devrait juste les appeler des citoyens : au sens premier du terme, le citoyen est la personne qui s'implique dans la vie de la cité. Aujourd'hui, le mot est dénaturé parce qu'on a l'impression qu'on parle d'un usager de la démocratie. Comme si la démocratie était un fonctionnement établi une fois pour toutes dont nous serions des sortes de consommateurs. On a des droits, comme celui de voter, qui est quelque part le contraire de la démocratie parce qu'au lieu d'exercer le pouvoir on le délègue ! Sans moyen de contrôle, de révocation. On a tiré tellement loin ce système démocratique qu'il en devient quasiment le contraire de son idéal.

Je suis un citoyen au sens propre et le rôle des citoyens aujourd'hui est d'intervenir. On n'a pas le droit d'attendre que des représentants politiques, dont on sait qu'ils sont dans un système pétri de contradictions et de compromissions, trouvent la solution.

Propos recueillis par Hervé Kempf
et Émilie Massemin

Fatima Ouassak

« Être écologiste, c'est fondamentalement être anticapitaliste »

Fatima Ouassak est politologue et cofondatrice du collectif Front de mères et du réseau universitaire Classe/Genre/Race. Pour parler d'écologie dans les quartiers populaires, il faut partir de ce que vivent les gens, estime Fatima Ouassak. Une lutte du quotidien qui mêle combat antiraciste, féministe et écologique.

Reporterre. Où avez-vous grandi ?

Fatima Ouassak. Je suis née au Maroc, puis j'ai grandi à Lille-Sud, l'un des quartiers les plus populaires de la ville, dans une cité autour d'une usine. Mon père est arrivé en France, comme beaucoup d'immigrés. Il a travaillé dans une usine de métallurgie. Ensuite, dans les années 1970, il a fait venir sa famille dans le cadre du regroupement familial. J'étais petite, j'ai grandi dans cette cité ouvrière où vivaient beaucoup de Marocains, notamment de notre région du Rif.

Était-ce une enfance heureuse ?

Oui, très. Même si j'ai vraiment grandi dans le béton. D'ailleurs j'ai toujours vécu dans le béton, plutôt dans les quartiers populaires avec des barres. Mais on était bien, on vivait pour l'essentiel dehors. Dès 4, 5, 6 ans, on descendait jouer avec les autres. Il y avait un contrôle social du quartier qui faisait qu'on pouvait jouer en toute sécurité ! Je le dis parce qu'aujourd'hui ce n'est plus le cas. Et puis j'adorais aller à l'école.

Vous avez étudié à Sciences Po Lille et même fait un doctorat.

J'ai toujours été une bonne élève. Je suis née dans le Rif au Maroc et j'insiste là-dessus car c'est une région très opprimée. C'est là que la première guerre anti-coloniale a été menée, dans les années 1920. Il s'y est donc épanoui une culture de la résistance. Et notamment de la résistance aux institutions quelles qu'elles soient, l'État marocain, le régime, l'administration.

On a coutume de dire que la culture de l'immigration est handicapante, que les langues de l'immigration participent d'un retard scolaire, mais je trouve qu'au contraire cela permet de ne pas rentrer dans le moule et de toujours questionner. Cela correspondait bien à ce qui était à l'époque attendu dans l'Éducation nationale : « l'esprit critique », qui est beaucoup moins valorisé aujourd'hui.

Vos parents étaient-ils militants ou engagés ?

Mon père était syndiqué à l'usine, à la CGT. Cela ne s'est pas très bien passé. Il nous racontait qu'il subissait le racisme au sein même du syndicat. Dans le Nord-Pas-de-Calais, les mineurs marocains ont commencé dans les années 1970, au fond des mines, dans les pires conditions. Ils revendiquaient l'égalité de droits avec les mineurs issus de l'immigration antérieure, italienne et polonaise. Ils ont frappé à la porte de la CGT. Mais l'État français, les mines qui lui appartenaient, la CGT et le régime marocain se sont unis contre ces mineurs, qui ont dû créer leur association en dehors de la CGT.

À quel moment vous êtes-vous politisée ?

J'ai toujours milité, plutôt dans des espaces de quartier. Par exemple, pendant mes études, je n'étais pas militante au sein de Science Po Lille. Mais, dans ma famille, on aidait beaucoup de sans-papiers. Quand on revenait du Maroc, il y avait toujours dans la voiture un oncle ou un cousin qui n'avait pas les papiers. On se débrouillait. Il y avait une solidarité familiale très importante. Et, à Sciences Po, il y avait un collectif d'aide aux sans-papiers. Mais à aucun moment je ne me suis dit que c'était la même question, qu'il fallait faire quelque chose ensemble. Pour moi, c'était vraiment autre chose, un militantisme très « blanc ».

Quelle cause vous parlait le plus : le racisme ? la justice sociale ? le féminisme ?

Les questions de quartier. Plutôt dans un contexte féminin parce que c'est vrai que les espaces de politisation sont très peu mixtes. Quand j'avais une vingtaine d'années, j'ai participé à un groupe qui s'appelait « Femmes, filles de » à Roubaix, sur des questions féministes, antiracistes et de transmission. On valorisait nos langues, nos cultures, nos luttes. J'ai découvert à cette occasion les luttes des femmes issues de l'immigration, et des femmes indigènes telles que Djamila Bouhired. Des femmes arabes qui ont défendu leur pays, qui ont pris les armes, qui se sont battues contre la colonisation.

Je ne lutte jamais sur des questions idéologiques, en fait. Par exemple, je n'ai jamais milité sur la Palestine, même si je suis profondément pro-palestinienne. Il faut que cela parte d'un vécu.

Votre façon de militer a changé quand vous avez eu des enfants. Pourquoi ?

Avant d'avoir mes enfants, c'était différent. Par exemple, j'ai commencé à lutter pour le mouvement des Indigènes de la République en 2005. J'écrivais, on prenait le micro, on haranguait nos petites foules. Je voyais qu'il y avait des camarades auxquels la lutte permettait d'avoir accès à l'édition, à des postes, à des fonctions.

Maintenant, je lutte pour mes enfants. J'y pense tout le temps. J'ai vraiment peur qu'on me les prenne pour les mettre dans un train. J'estime que l'on se dirige vers un régime autoritaire et que, du jour au lendemain, il peut devenir fasciste. Donc maintenant, quand je milite sur une question, je lutte pour gagner. Il n'est plus question de lutter pour lutter. Car je veux que mes enfants vivent mieux tout de suite. Cela change tout en termes d'actions, de stratégies, de discours. Désormais, je veux vraiment gagner.

Comment en êtes-vous venue à l'écologie ?

J'ai un intérêt pour l'écologie depuis mes études. J'ai découvert l'écologie politique avec des auteurs tels qu'André Gorz, sur la question du pouvoir. L'idée est que dans un espace où l'être humain avait du pouvoir sur son environnement, l'accumulation capitalistique a confisqué ce pouvoir pour le vendre. Par exemple, l'industrie alimentaire fait comme s'il était normal que les parents ne décident plus de ce que mangent leurs enfants. Donc il faut se demander comment on récupère du pouvoir sur l'espace, sur la transmission, sur notre environnement.

Cela se rapproche un peu de ce que certains militants sont allés chercher aux États-Unis, chez Saul Alinsky, avec les notions de *community organising* [organisation de la communauté] et d'*empowerment* [prise de puissance]. Mais ce n'est pas aussi radical que la pensée d'André Gorz sur la remise en question du capitalisme et de l'industrie.

Vous vous êtes aussi intéressée à l'écologie par une lutte locale, à Bagnolet. Racontez-nous.

Cela a commencé par la cantine scolaire. Ce n'était pas posé comme une question écologique, d'ailleurs. Quand j'ai inscrit ma fille aînée à la maternelle, en juin 2016, je me suis aperçue qu'on nous proposait simplement des repas avec ou sans porc. Lorsque j'ai demandé à la directrice pourquoi il n'y avait pas d'alternative végétarienne, elle m'a renvoyée vers la mairie. Une élue m'a énuméré ses arguments : « Il faut manger de la viande car c'est bon pour l'enfant, pour qu'il n'ait pas de carences, parce que les pauvres ne mangent pas assez de viande, parce qu'il faut goûter à tout »... Elle m'a même dit : « Si vous n'êtes pas contente, il y a le privé. » Je me suis rapprochée de la FCPE [Fédération des conseils de parents d'élèves, un syndicat de parents d'élèves]. Et dès le début cela a été la guerre.

Juste, pourquoi êtes-vous végétarienne ?

Pour des raisons éthiques et religieuses. Le mot *halal*, pour la communauté rifaine, ne signifie pas qu'il suffit d'égorger l'animal, et dire une prière. À leur arrivée en France, les Rifains se sont organisés pour élever des animaux selon leurs principes. Encore aujourd'hui, dans ma famille, mes parents ne mangent de la viande que si elle vient de certaines fermes. Quand je suis venue faire mes études à Paris, je n'avais plus accès à cette viande. Donc j'ai préféré m'en passer.

Vous disiez que cela avait été la guerre, c'est-à-dire ?

Parmi ces parents de la FCPE, il y avait des végétariens, des écolos qui faisaient attention à ce qu'ils mangent. Mais ils estimaient que l'alternative végétarienne pourrait arranger les musulmans, que satisfaire ces parents-là sur ces questions, c'était leur permettre d'avoir de la place au sein de l'école. On m'a traitée de communautariste, on me disait que j'étais une fausse végétarienne et que dans quelques années j'allais demander le halal à l'école.

Comment cela s'est-il conclu ?

Il y a eu rupture. Avec la mairie, la FCPE, le parti communiste, plusieurs organisations de gauche. Comme les mineurs marocains, j'ai décidé de créer un autre espace. Je suis allée voir les parents concernés et on a créé Ensemble pour les enfants de Bagnolet (EEB). Pour rassurer tout le monde, on a fait un questionnaire – via une application – sur la question de l'alternative végétarienne à la cantine en s'appuyant sur une proposition de loi du député Yves Jégo sur le sujet. Des deux cents personnes de tous profils sociologiques qui y ont participé, 96 % ont répondu positivement à une alternative végétarienne à Bagnolet.

Et avez-vous réussi à l'obtenir ?

On a réussi dans le sens où EEB a essaimé à Montreuil, Épinay, Vincennes, Bordeaux et bientôt Marseille. La question de l'alternative végétarienne dans les cantines est arrivée dans les débats publics locaux.

À Bagnolet, la mairie refait ce que l'on a déjà fait : un sondage et une concertation publique. L'alternative végétarienne va être mise en place, mais la mairie ne veut pas reconnaître que ce sont d'abord les parents des quartiers populaires qui ont porté le sujet.

Pourquoi avez-vous ensuite créé le collectif Front de mères, qui a vocation à devenir un syndicat de parents d'élèves ?

Parce que le local ne suffit pas, il faut l'articuler au national. On ne peut pas, au niveau local, demander à des gens d'aller au front avec des stratégies radicales.

Par exemple, j'ai découvert avec ma fille le racisme que pouvaient subir des enfants de 2 ans et demi. J'ai donc écrit avec Diariatou Kebe un texte, « L'école, c'est la guerre ». Il est très dur, très antiraciste. Politiquement, le texte se tient. Mais après, quand on conduit sa fille à l'école, on se retrouve face aux enseignantes qu'on a démontées dans le texte. Stratégiquement, on ne peut pas faire cela, cela ne mène à rien, sinon à pourrir sa vie quotidienne.

Par ailleurs, tenir un discours politique localement est plus compliqué pour les habitants des quartiers populaires. Dans une ville comme Bagnolet, qui ne compte que 30 000 habitants, une grande partie de la population est ce que l'on appelle « municipalisée » : il y a toujours dans la famille ou parmi les amis quelqu'un qui travaille à la mairie ou qui a une demande de logement social en cours. Quand vous voulez mobiliser les gens des quartiers populaires, c'est difficile, non pas parce qu'ils ne sont pas courageux, mais parce qu'ils se disent que s'ils vont trop loin, leur mère, leur frère ou leur sœur va perdre son boulot, que la demande de logement ne va pas aboutir. Cela limite largement la politisation du discours.

En revanche, au niveau national, et c'est typique de la France, on peut avoir un discours radical à partir du moment où il est hors-sol.

Donc il y a besoin du local pour travailler le territoire et, en même temps, il faut avoir un espace pour tenir un discours politique. Seul le national peut le permettre en France. Et puis le national permet aussi de mutualiser les expériences d'un quartier, d'une ville à l'autre. Le Front de mères sert aussi à cela.

Quel est le discours politique du Front de mères ?

Ma politisation actuelle est très marquée par le fait que je suis mère. J'ai eu cette impression d'avoir été dépossédée de l'accouchement, de mon rôle de mère. Le mouvement féministe a tendance – ce que je comprends – à dire qu'il faut arrêter de renvoyer systématiquement les femmes à leur rôle de reproductrices. Mais est-ce que cela ne nous a pas dépossédées du pouvoir que l'on a sur l'éducation et la reproduction ?

Le Front de mères sert à voir comment on se réapproprie notre pouvoir de mère, pas en tant que mère au foyer mais en tant que sujet politique qui gère l'éducation, la transmission, la parole politique. Réinvestir cette question peut révolutionner l'ensemble des positionnements politiques. Je l'applique à toutes les questions politiques, je me positionne en tant que mère.

Quel lien faites-vous entre la lutte contre le racisme, les luttes féministes et les luttes écologistes que vous menez ?

Le problème est chaque fois le même, c'est l'oppression, l'inégalité, l'injustice. Je pense que pour réussir d'un point de vue stratégique, il faut partir de cela. Après on utilise ces outils – l'écologie, le féminisme, le marxisme – de façon stratégique. Ce sont des outils de libération. Parce que ce qui compte, c'est qu'on soit bien, qu'on soit heureux et que nos enfants soient heureux.

Donc vous partez du quotidien plutôt que de l'idéologie ?

Sacraliser les concepts donne quelque chose qui n'est pas sincère. Si on part de mots qui tombent du ciel – écologie, féminisme, décolonialité, intersectionnalité – et qu'ensuite on se demande comment on va faire pour faire adhérer les gens, notamment les Arabes, les classes populaires, les femmes, cela ne peut pas marcher.

Pourquoi le mot écologie ne parle-t-il pas dans les quartiers populaires ?

Il y a l'idée que l'écologie, ce n'est pas pour tout le monde, que c'est réservé aux classes moyennes et supérieures blanches. La question du climat était – un peu moins maintenant – considérée comme une question très lointaine, réservée aux riches, tandis que, nous, on s'occupe de notre chômage. Autre exemple, j'ai participé à un débat avec Jade Lindgaard, elle m'a demandé ce que je pensais du rapport de l'IPBES sur la biodiversité. Dans ce rapport, j'ai lu des noms d'animaux que je n'ai jamais vus. Dans notre vie, on n'a accès qu'à des lieux où la biodiversité est très limitée. Dans les quartiers, la préoccupation principale concernant les animaux, c'est l'extermination des rats et des cafards.

Par ailleurs, il est très compliqué de faire comprendre à des écologistes que, dans les quartiers, il peut y avoir des enjeux écologistes. Les écologistes de Bagnolet ne sont jamais venus nous voir en disant qu'il faut éviter de manger de la viande industrielle, ou que les pesticides c'est dangereux… jamais ! Alors que c'est leur boulot de faire cela. On ne vient dans les quartiers que pour parler de polémiques, comme les sorties scolaires avec les femmes voilées.

Enfin, quand on se mobilise sur des questions que n'importe quel écolo qualifierait d'écologiques, on est disqualifiés, invisibilisés, récupérés. Cela donne l'impression qu'il ne se passe pas grand-chose dans les quartiers populaires autour de l'écologie. J'ai pu l'expérimenter à Bagnolet car il s'en est fallu de peu que l'on retienne que c'est Greenpeace et la FCPE qui ont demandé le repas végétarien à l'école. C'est pour cela qu'il est important pour moi de laisser des traces, d'écrire, de médiatiser.

Après, il est encore possible d'apprivoiser le mot écologie. Les mots laïcité, citoyenneté ont été tellement utilisés contre nous qu'on ne peut plus les entendre. Le mot écologie, si. Et il correspond à tellement de choses que l'on vit dans les quartiers…

Comment parler d'écologie dans les quartiers populaires, alors ? Car les personnes les plus

pauvres sont aussi les plus touchées par la crise écologique…

D'abord, écoutez, regardez, laissez de l'espace, ne disqualifiez pas d'emblée. Cela ne paraît rien, mais ce serait déjà énorme.

Et puis, il y a tellement de choses à faire. Par exemple, à Bagnolet, l'échangeur autoroutier provoque une pollution infernale. La mairie a aussi annoncé qu'elle allait déplacer un collège public qui est aujourd'hui en centre-ville dans un beau bâtiment historique, face à un parc, pour le mettre dans un bâtiment collé à l'autoroute…

Donc il faut partir de ce que vivent les gens. Dans les quartiers, le problème principal est l'espace : les appartements trop petits, la nécessité d'espaces verts pour que les enfants puissent s'aérer et faire des promenades… J'ai une amie qui habite dans le quartier du Franc-Moisin, à Saint-Denis, et pour accompagner ses enfants à l'école, elle doit passer par une route pleine de camions qui ressemble à une autoroute. Il faut qu'on puisse réinvestir l'espace et s'y sentir bien.

Un autre sujet central est l'alimentation. J'ai toujours vu les immigrés, les pauvres des quartiers, penser l'empoisonnement de leurs enfants. On ne se rend pas compte du stress, quand on va faire les courses, que l'on a peu d'argent et que l'on se demande comment faire pour empoisonner ses enfants le moins possible.

C'est une autre manière de poser toutes les questions d'urgence écologique, du point de vue de gens qui vivent dans les tours et le béton et ne partent pas en week-end à la campagne. On n'est pas obligés d'arriver avec des gros sabots écologistes.

Comment avez-vous vécu le mouvement des Gilets jaunes ?

Comme je le disais, jusqu'à récemment je pensais qu'on allait mettre mes enfants dans un train, vraiment. Après les attentats de 2015, il y avait une telle haine médiatique contre les femmes voilées, les Arabes, les migrants – c'était l'impression que j'avais –, que je pensais que si les gens sortaient dans la rue, ce serait contre nous. Mais en fait, les questions posées par les Gilets jaunes étaient nos questions : la redistribution des richesses, les enjeux d'égalité, le pouvoir d'achat. Cela laissait augurer d'un travail commun.

Il y a eu des réticences par rapport à la question des violences policières. Il y a des morts dans les quartiers depuis très longtemps, qui sont complètement invisibilisées et, là, les familles des victimes allumaient la télé et voyaient que tout à coup, dans les médias, la question était prise en considération parce que des blancs étaient éborgnés ou perdaient une main. Cette différence de traitement traduit du racisme. Mais, selon moi, ce n'est pas grave, il faut travailler à du commun.

N'avez-vous pas aussi peur que vos enfants soient victimes de la crise écologique ?

Je n'utilise pas le terme de crise écologique. Je préfère dire qu'il y a des États, des organisations, des industries prédatrices et capitalistes, qui mènent la population dans le mur. La crise écologique, ce n'est pas naturel du tout. Tout cela participe d'un même système d'oppression, c'est un système qui est basé sur la domination d'un groupe sur un autre et c'est cela qu'il faut mettre à bas. C'est pour cela que pour moi, être écologiste c'est fondamentalement être anticapitaliste.

Et ne vous êtes-vous jamais dit que cela ne valait pas le coup de faire des enfants dans un tel monde ?

Je suis très contente d'avoir des enfants, cela a changé ma vie. Certes, on vit dans un pays où des dizaines de milliers de femmes sont violées chaque année, où un enfant sur cinq subit des agressions sexuelles, un pays structuré de manière raciste… Malgré tout cela, il faut qu'on se batte. Ce n'est pas perdu. Cela doit nous donner de l'enthousiasme pour bâtir un monde meilleur. Je ne suis pas du tout pessimiste.

Votre religion a-t-elle un rôle dans votre rapport à l'écologie ?

Clairement. C'est même assez central. La foi islamique n'est pas compatible avec les rapports sociaux basés sur l'oppression (classiste, raciste, patriarcale) et la prédation (capitaliste et impérialiste), qui expliquent en grande partie la destruction de l'environnement et la crise climatique. Une règle centrale est qu'il ne faut pas cumuler. Le péché premier en islam, c'est le crédit. Donc j'aimerais bien travailler sur la question des besoins, pour explorer un système qui ne soit plus basé sur le cumul et la prédation. Les Gilets jaunes ont posé la question du pouvoir d'achat, c'est dommage qu'on ne se pose pas plutôt la question des besoins.

C'est une manière de poser autrement la question de la décroissance, à laquelle je m'intéressais mais qui est vraiment trop gauchiste et trop blanche. Les décroissants vivent confortablement et se demandent comment faire moins de mal à la planète. C'est inaudible dans les quartiers. Alors que la question des besoins, elle, passe très bien.

Propos recueillis par Marie Astier et Hervé Kempf

Juliette Rousseau

« Écolos, antiracistes, féministes… Nous devons nous lier contre le système »

Juliette Rousseau, autrice de *Lutter ensemble. Pour de nouvelles complicités politiques* (Cambourakis, 2018) est l'ancienne porte-parole de la Coalition Climat 21, collectif de la société civile créé en 2014 pour préparer la COP21. Elle est aussi membre du conseil d'administration d'Attac. Elle analyse les limites de la non-violence, son attachement à la Zad de Notre-Dame-des-Landes et les nécessaires solidarités entre féministes, antiracistes, écologistes… Et rappelle la « sacrée dose d'amour » qui rend le combat et la joie possibles.

Reporterre. Dans quel milieu avez-vous grandi ?

Juliette Rousseau. À Martigné-Ferchaud, en Bretagne. Cette commune enclavée est la plus pauvre d'Ille-et-Vilaine. De plus en plus de familles monoparentales y arrivent par dépit, attirées par les loyers peu chers. C'est une campagne très endommagée par l'agriculture conventionnelle. J'y suis très attachée. Mes parents, soixante-huitards, s'y sont installés à la fin des années 1970 pour expérimenter un mode de vie plus autonome. C'était, avec le recul, une démarche peu politique : une envie de travailler moins, de cultiver ses légumes, d'avoir des animaux, mais ils n'étaient pas tellement engagés dans des luttes et peu en lien avec le territoire. Ils ont vécu en communauté un moment et, quand je suis née, ils commençaient à rentrer dans le moule.

Comment êtes-vous devenue coordinatrice de la Coalition Climat 21, en 2015 ?

Après des études de sociologie, j'ai travaillé à Attac, et je suis partie au Brésil pour l'organisation du Sommet des peuples à Rio en 2012. Puis, j'ai effectué différentes missions et me suis forgée des compétences de logistique militante. Au moment de la COP21, quand la Coalition Climat 21 s'est montée, j'ai été sollicitée pour en devenir la coordinatrice.

Je n'avais pas d'attente vis-à-vis de l'État ni des institutions internationales. Je l'ai fait parce que ce sont des moments d'émulation – durant lesquels plein d'organisations de la société civile et de dynamiques de lutte se rencontrent – et qui forment une génération militante. J'étais intéressée par les complicités qu'on allait pouvoir créer dans ce processus, les expérimentations qui allaient pouvoir nous servir ensuite dans la construction de luttes.

Quelle est votre vision du mouvement climat ?

Avec les Gilets jaunes m'est apparue la problématique du rapport qu'on a avec la lutte qu'on porte. Les Gilets jaunes se sont mobilisés à partir de leur expérience du quotidien, parce qu'ils n'acceptaient plus ce qui se passait dans leur vie.

Ils ont confirmé que la révolution ne viendra pas de nous, les personnes qui pensent la théorie politique et sont souvent dans des positions de domination dans les espaces organisés. La révolution viendra des personnes qui ont le plus d'intérêts immédiats à ce qu'elle arrive. Leur mouvement est d'emblée dans la confrontation, parce que les personnes luttent pour leur survie.

À l'inverse, le mouvement climat est composé d'une majorité de gens qui ont un rapport de conscience avec l'objet de leur lutte. Les manifestations climat sont souvent urbaines et le fait d'une classe moyenne ou supérieure qui ne travaille pas dans des milieux naturels, qui n'est pas exposée à des enjeux de pollution environnementale. Ils ont vu des émissions, lu des livres et descendent dans la rue pour ça. Un jour, une copine, qui lutte dans un collectif contre les violences policières, constitué autour d'une famille de victimes, m'a dit : « Vous, les Blancs, passez votre temps à dire que vous allez mourir un jour. Ça me fait rigoler. Nous, c'est aujourd'hui qu'on meurt ! »

Le mouvement climat est formé de gens dont les positions dans la société ne les mettent pas en confrontation avec l'État. Le problème, c'est quand ils se positionnent comme interlocuteurs légitimes, car non violents. Dans quelle mesure ces gens qui viennent nombreux aux manifestations pour le climat sont-ils des alliés pour la révolution ? Je me le demande.

Quelles sont les limites de la non-violence ?

Il faut faire exploser la dichotomie violence/non-violence. Il faut parler de stratégie, pas de concepts abstraits. Les mouvements qui se disent non violents portent atteinte à la possibilité de nouer des alliances au sein du mouvement social. Il est évident que dans une société où le pouvoir politique et médiatique discrédite une partie du mouvement en le pointant comme violent, se dire non violent, c'est s'adresser à ce pouvoir en se désignant comme l'interlocuteur le plus légitime, le plus réfléchi.

Pendant des années, toute une partie non violente du mouvement écolo-climat se pinçait le nez quand il s'agissait de la Zad de Notre-Dame-des-Landes, parce qu'elle n'était pas non violente. Mais le jour où le gouvernement a annoncé l'abandon du projet d'aéroport, ces gens-là ont applaudi très fort à la victoire de la lutte. Que croient-ils ? Que la lutte n'a été gagnée que par les recours légaux ? Pendant les expulsions de 2012, entre la première barricade face aux policiers et les personnes qui tenaient la maison, il y avait une palette de personnes plus ou moins enclines à la confrontation, mais tout le monde était là pour la même raison. La lutte a été gagnée parce que toutes ses composantes, toutes les façons de lutter étaient là et ont cohabité, même si cela ne s'est pas fait sans difficultés.

Après la COP21, vous vous êtes tournée vers Notre-Dame-des-Landes...

Avec un groupe d'amis rencontrés durant la COP21, on s'est installés à la Zad de Notre-Dame-des-Landes. J'y ai habité jusqu'en 2017, à La Rolandière.

Nous voulions mettre notre énergie dans une lutte ancrée. Personnellement, j'ai grandi à une cinquantaine de kilomètres de Notre-Dame-des-Landes. C'est une lutte que j'accompagne depuis longtemps. J'y suis allée pour la première fois en 2009, à l'occasion d'un Camp Action Climat. J'y suis retournée régulièrement ensuite, y compris durant les expulsions de 2012, avec mes parents et des membres de ma famille. J'éprouve pour cette lutte un attachement affectif très fort.

Que représente la Zad à vos yeux ?

Pendant mon enfance, je me suis construite affectivement avec les saisons. À chaque saison correspondent pour moi certains chants d'oiseaux, certaines odeurs de plantes, de fleurs, de cultures ou de récoltes, et aussi certaines luminosités. Cette sensibilité sensorielle est allée en s'amoindrissant au fil des ans, sans doute en partie à cause de la diminution de la biodiversité, de la transformation du bocage. Quand je suis arrivée à la Zad, tout cela est revenu d'un coup de façon puissante. Après des années de vie à Paris, c'était comme me retrouver moi-même.

Les premières fois que je suis allée à la Zad, j'ai pris conscience de ce à quoi la région d'où je viens aurait pu ressembler, si elle n'avait pas été victime de l'agriculture conventionnelle et du remembrement. La Zad a été préservée pendant quasiment cinquante ans, et elle est magnifique. Les petits chemins et le bocage sont toujours là, les talus et les haies aussi. Beaucoup de prairies n'ont pas été drainées. C'est encore une zone humide. Chez moi, au contraire, les prairies humides ont été drainées et asséchées, les chênes centenaires ont été abattus.

Que change le fait de lutter là où l'on vit ?

La Zad a profondément transformé ceux qui se sont liés à elle. L'attachement au territoire et aux gens qui s'y trouvent est tel qu'il les a amené à faire des choses qu'ils n'auraient jamais imaginé faire. Des squatteurs antilégalistes ont déposé des recours légaux, des légalistes tenaient le front avec des squatteurs… L'attachement et l'envie de défendre ensemble un territoire viennent bouleverser certaines de nos convictions, questionner nos dogmes.

Dans *Lutter ensemble*, vous explorez l'organisation des luttes sous l'angle des rapports de domination. Pourquoi ?

Pendant la COP21, la coalition était composée d'une majorité de femmes jeunes. Ça rendait l'atmosphère de travail différente. Il était possible de dire non quand on se faisait emmerder, de ne plus accepter certaines choses. Je n'ai pas eu le sentiment de me faire écraser, utiliser, instrumentaliser, comme c'était arrivé plein de fois par le passé. J'ai rencontré des femmes avec qui s'est posée la question du féminisme comme enjeu de lutte, et pas seulement comme un argument de défense au quotidien, même si c'est aussi hyper-important.

C'est à cette occasion que j'ai découvert l'écoféminisme, avec des amies comme Jade Lindgaard, Laurence Marty, Isabelle Cambourakis ou encore Émilie Hache. L'écoféminisme m'a permis de considérer que le féminisme pouvait être un terrain de lutte. Il a été un outil dans ma réflexion sur l'imbrication des dominations, de la dichotomie nature-culture et du patriarcat. Ça a aussi été pour moi une façon de me situer en tant que femme dans les luttes écolos. De dire que ce que je vis au quotidien en tant que femme, les conditions faites aux femmes dans ce monde, ne sont pas dissociables de la lutte qu'on mène pour l'écologie, tout cela tient de l'écrasement et de l'annihilation du vivant.

Au même moment, on a été interpellés sur le problème du racisme, notamment par des groupes états-uniens, mais aussi par des groupes français qui dénonçaient la manière dont notre travail restait dans un impensé total des questions de discriminations raciales et de colonialisme.

Cela m'a amenée à vouloir penser la complexité des rapports d'oppression dans les luttes auxquelles je participe, et la façon dont ces luttes, notamment pour l'écologie et le climat, interagissent avec ça. Mon livre est né de cette question : comment, au sein des luttes qu'on mène, agir sur les rapports de domination qui les traversent, en même temps qu'on lutte à l'échelle systémique ?

Je suis allée voir plein de collectifs, sur des fronts différents, qui ont en commun d'agir sur les rapports de domination qui les traversent. Agir sur ces rapports de domination signifie, dans un premier temps, les reconnaître. Ça m'a permis de faire justice de choses que j'avais vécues, de répondre à des interpellations qui m'avaient été faites et de fournir des outils à des personnes ou à des groupes qui auraient envie de changer leur façon de lutter, en même temps que je les construisais pour moi-même.

Comment créer des ponts solides entre les différentes composantes de la lutte ?

La base serait déjà de commencer par se reconnaître mutuellement et, quand on est impliqué dans une lutte plus visible, de partager cette visibilité avec d'autres. Après, il y a évidemment la solidarité concrète. Pour ce qui est de la répression par exemple, des centaines et des centaines de personnes ont été jugées en comparution immédiate dans le cadre du mouvement des Gilets jaunes. Elles ont été beaucoup moins visibles que celles qui ont perdu un œil ou une main. Or elles ont aussi besoin d'un accompagnement pour trouver un avocat, d'argent pour le payer, ainsi que payer d'éventuelles amendes… C'est aussi le cas de nombreux collectifs Vérité et Justice[1] à travers le pays, tous appellent au soutien du mouvement social, et certains souffrent beaucoup d'être tenus dans l'invisibilité.

Or ce soutien pourrait être apporté par des mouvements où les gens ont plus d'argent. Il y a tellement de façons d'être en solidarité : par le discours, la solidarité matérielle, le soutien des événements existants, en appelant ses militants à aller à tel ou tel événement… jusqu'à des choses qui nécessitent plus de complicité interpersonnelle, comme organiser des actions ensemble et assumer de prendre des risques, ce qui ne peut venir que dans un second temps.

Au Royaume-Uni, des groupes climat anti-aviation ont coorganisé deux actions d'affilée. La première, coorganisée avec le collectif *Black Lives Matter* [Les vies des Noirs comptent], visait à bloquer un aéroport en dénonçant la dimension raciste de la crise

1. Collectifs de soutien aux victimes des violences policières dans les quartiers populaires.

climatique. La répartition des rôles était intéressante : les militants des mouvements climat ont assumé de subir la répression de la police et de la justice, en partant du principe qu'elle serait moindre, parce qu'ils étaient blancs. La deuxième action a consisté à bloquer un charter qui devait déporter soixante personnes. Les personnes du mouvement climat, qui connaissaient les techniques de blocage d'avion et d'aéroport, ont permis à l'action d'avoir lieu et y ont participé.

Pourquoi faire l'effort d'organiser des réunions accessibles aux personnes handicapées quand son propre groupe est composé de valides, pourquoi être solidaire avec les femmes quand on est un homme, avec les personnes noires quand on est des personnes blanches ?

En d'autres termes, quel intérêt aurait-on à penser ses espaces de lutte autrement qu'à partir de soi ? Il y a un enjeu très fort à s'opposer aux multiples systèmes d'oppression, et à ne jamais oublier qu'ils se renforcent les uns les autres. On peut débattre pour savoir qui du capitalisme, du colonialisme ou du patriarcat a engendré les autres. Mais négliger de les voir dans leur ensemble pour ne s'intéresser qu'à un seul revient à perdre à la fin : le féminisme ou l'écologie peuvent être repris à leur compte par des groupes ouvertement racistes et réactionnaires. Il nous faut construire des espaces de lutte et des solidarités politiques qui reflètent cette conscience des multiples dominations. Je ne crois pas qu'on puisse attaquer l'ensemble du système depuis une seule position, mais que nous devons nous lier pour l'attaquer ensemble depuis nos différentes positions.

Il vaut mieux ne pas essayer d'aller soutenir les autres si on n'en est pas convaincu et qu'on est dans une logique universaliste – cette tendance extrêmement forte dans le mouvement social en France à être persuadé qu'on est en capacité d'avoir une lecture globale de ce qui se passe dans le monde, de ce qu'il faudrait faire en matière de lutte et de ce à quoi ressemblerait l'émancipation.

En France, le CLHEE [Collectif lutte et handicaps pour l'égalité et l'émancipation], un collectif de personnes directement concernées par le handicap, peine à se faire entendre, sauf dans des espaces féministes et *queers*[1]. En Angleterre, les premiers espaces à avoir ouvert la porte et pris acte des revendications du collectif DPAC [*Disabled people against cuts*, Les personnes handicapées contre les coupes budgétaires], sont des espaces féministes, *queers* et antiracistes. Pourquoi ? Parce que ces espaces ont compris la question des oppressions. Parmi les personnes les plus marginalisées se trouvent celles qui ont l'intérêt le plus fort et le plus immédiat à changer la société et qui en ont souvent une lecture plus fine que les personnes en position de centralité.

1. *Queer* : mot désignant l'ensemble des minorités sexuelles et de genre.

Comment passe-t-on d'un travail salarié dans une grande ville à l'installation dans une Zad, sans emploi régulier ?

J'ai grandi dans une famille qui n'a jamais considéré le travail rémunéré comme un aboutissement. Depuis que j'ai commencé à travailler, j'ai toujours alterné des phases de travail rémunéré et de travail non rémunéré. Ce qui compte est le sens de ce que je fais, et j'ai conscience qu'il s'agit d'un luxe. Mais c'est aussi un choix : vivre avec moins, faire plus de choses soi-même, dépendre plus de l'entraide d'une communauté que de ressources individuelles.

L'arrivée à la Zad de Notre-Dame-des-Landes m'a confirmé l'importance de me lier avec plein de gens qui ont des ressources en dehors du travail, dans des dynamiques d'entraide matérielle. J'ai eu un bébé cette année et je n'ai eu à acheter ni une fringue ni un matériel de puériculture, parce qu'on a un réseau suffisamment fort pour que tout tourne – et pourtant, on n'est pas très nombreux à faire des enfants. De la même manière, je n'ai jamais fait garder ma fille et il y a toujours quelqu'un pour s'en occuper autour de moi. Parce qu'on partage en partie la responsabilité et l'amour des enfants, comme on partage beaucoup d'autres choses.

Les luttes sont souvent âpres et pas toujours victorieuses. Qu'est-ce qui vous donne de la joie ?

De s'engager dans une communauté de lutte, de partager plus et de prendre des risques ensemble. De rompre, dans nos façons de lutter et de vivre, la dichotomie entre espace public et espace privé. D'amener plus de justice, d'autonomie et d'émancipation dans les communautés humaines et les territoires que nous habitons. À travers les luttes, j'ai côtoyé des personnes qui subissent des choses très difficiles : homophobie, transphobie, racisme, violences des frontières et de la police, violences sexuelles… C'est pourtant dans ces espaces-là que j'ai trouvé le plus de joie.

Certains collectifs que je suis allée voir pour mon livre sont extrêmement joyeux, comme le collectif féministe *Sisters Uncut*, qui organise régulièrement des cérémonies en lisant les noms des femmes tuées dans l'année ou mortes en prison, et rend visibles des choses hyper-violentes. Ce qui rend la joie possible, dans ce groupe comme dans d'autres, c'est une sacrée dose d'amour pour les personnes avec qui l'on s'engage, ainsi qu'une conscience que la joie et le bien-être mental ne tombent pas du ciel. Ces groupes ont une intention consciente de se faire avancer collectivement et de prendre soin les un·e.s des autres.

Propos recueillis par Alexandre-Reza Kokabi
et Émilie Massemin

Alessandro Pignocchi

« Il n'y a pas d'écologie sans lutte collective contre le monde de l'économie »

Alessandro Pignocchi est un ancien chercheur en sciences cognitives et philosophie de l'art. Il s'est lancé dans la bande dessinée avec son blog Puntish, dans lequel il imagine que les dirigeants de la planète ont adopté l'animisme des Indiens Jivaros. Il a publié quatre bandes dessinées dont *La Recomposition des mondes* (Seuil, 2019), chronique d'un printemps de lutte sur la Zad de Notre-Dame-des-Landes.

Reporterre. Dans votre enfance, dessiniez-vous déjà ?

Alessandro Pignocchi. Très tôt, j'ai dessiné des oiseaux. C'était une passion purement livresque puisque j'ai grandi en ville ; à Rome jusqu'à mes 6 ans, puis à Paris. Les enfants traversent tous une période de leur développement où ils ont un besoin de catégorisation naturaliste des choses. C'est une capacité qui s'est mise en place chez nos ancêtres, qui étaient entourés d'espèces naturelles qu'il fallait catégoriser de façon essentialiste. Cette capacité cognitive est frustrée chez les enfants urbains. Faute de mieux, certains se passionnent pour les voitures ou les dinosaures, et d'autres, comme moi, se plongent dans les livres sur les oiseaux. Quand nous avons emménagé à Paris, ma mère m'a fait découvrir les sorties ornithologiques. J'ai développé une étroite familiarité avec les oiseaux et leurs chants, qu'à cet âge on mémorise quasiment comme si c'étaient des langues humaines.

Votre passion pour l'observation des oiseaux vous a conduit en Amazonie. Que vous ont enseigné vos voyages parmi les peuples amérindiens ?

À moins de jouer vraiment aux aventuriers, l'un des seuls moyens de passer du temps à observer les oiseaux en Amazonie est de se rendre dans une communauté indienne. Je n'avais pas alors d'intérêt particulier pour les Indiens, je considérais presque leur présence comme un mal nécessaire pour pouvoir observer les oiseaux. À 18 ans, mon intérêt pour les oiseaux s'est doublé d'un penchant pour les drogues hallucinogènes que cuisinaient notamment les Shuars, une branche des peuples jivaros. Je glanais des anecdotes exotiques à raconter à mes copains, mais sans aucune curiosité anthropologique.

Par la suite, un ami m'a invité à lire *Les Lances du crépuscule*, de Philippe Descola. Ça a joué un rôle quasi proustien dans mon esprit : me sont revenus des détails anodins que j'avais relevés presque inconsciemment dans les communautés Shuars. Descola m'a fait prendre conscience que ces détails dissimulaient un monde qui m'avait complètement échappé, le monde animiste. Je suis retourné en Amazonie – notamment chez les Achuars, le groupe jivaro que Descola avait rencontré – armé de ces nouvelles clés d'interprétation. Venant de la recherche en sciences cognitives, j'étais bien placé pour savoir que le monde est autant construit que perçu et que, selon les outils d'analyse et les connaissances qu'on apporte avec soi, on voit un monde différent.

Le « monde différent » que vous avez exploré est un monde où la distinction entre nature et culture est obsolète. Comment en êtes-vous arrivé à défaire cette dichotomie nature-culture ?

Comme beaucoup de gens, par la lecture de Descola. Celui-ci a popularisé l'idée d'après laquelle le concept de nature n'est pas universel, mais est une construction sociale occidentale relativement récente. Pour les Jivaros, par exemple, la nature n'existe pas. Aucun mot, dans aucune langue amazonienne, ne se rapproche même de loin de notre concept occidental de nature. L'anthropologie permet de s'apercevoir qu'un concept qu'on jugeait comme universel – ou « naturel », justement – ne l'est pas.

Puisque je me considérais comme un « amoureux de la nature », cette déconstruction m'a fait particulièrement d'effet. Quand on déconstruit la dichotomie entre nature et culture, l'ensemble des concepts qui organisaient notre rapport au monde s'effondrent les uns après les autres : l'idée de protection, l'idée de contemplation esthétique, le progrès, le travail…

Comment la distinction opérée en Occident entre nature et culture contribue-t-elle à modeler nos sociétés ?

On distingue deux grandes familles de relations à l'autre : soit on le considère comme un objet, soit comme un sujet. Ces deux attitudes ne mobilisent pas les mêmes facultés mentales.

Dans une relation de « sujet à objet », on effectue un calcul utilitariste de coût/bénéfices. La valeur qu'on attribue à l'autre dépend des bénéfices qu'on peut en retirer, des services qu'il peut nous rendre. Dans l'Occident moderne, où l'ensemble des édifices conceptuels qui nous permettent de penser le monde sont façonnés par la distinction entre nature et culture, les plantes, les animaux et les écosystèmes sont spontanément conçus comme des objets. C'est aussi de plus en plus le cas pour les humains, qui deviennent des « ressources humaines » et dont la valeur dépend d'un rapport coût/bénéfices inscrit dans le jeu économique. La relation de « sujet à objet » est relativement pauvre cognitivement. Face à un non-humain, dans le meilleur des cas, elle mène à la contemplation esthétique.

Dans une relation de « sujet à sujet », en revanche, on attribue à autrui une intériorité, une valeur propre, et la relation qu'on engage avec lui repose sur la réciprocité. On tient compte de son point de vue, de ses intérêts. Un monde où la faune, la flore et les écosystèmes sont mêlés aux activités sociales humaines permet d'engager spontanément avec les non-humains des relations beaucoup plus riches et denses. Dans une société qui ignore la distinction nature-culture, les plantes, les animaux ou les écosystèmes ne sont pas unifiés dans une sphère autonome et ne sont pas rejetés dans la catégorie des objets. Ils sont considérés comme des sujets, dont la valeur n'est pas quantifiable, puisqu'ils ont une valeur intrinsèque.

La notion de « service écologique » traduit-elle une relation de sujet à objet ?

Tout à fait. La notion de « service écologique » est un symptôme dramatique de cette vision de sujet à objet : pour justifier la protection d'un milieu ou d'une espèce, on est obligé de montrer qu'il nous rend des services quantifiables. Il est assez amusant – si l'on goûte à l'humour noir – de remarquer que même les « grands amoureux de la nature » qui n'ont pas opéré cette remise en question du concept de nature se sentent obligés de conclure leurs argumentaires par la notion de service écologique.

Or, ce n'est évidemment pas le problème ! Si des animaux ou des écosystèmes disparaissent, le monde devient invivable, ne serait-ce que psychologiquement parlant, peu importe leur valeur économique.

Rejetez-vous l'idée d'espaces protégés ?

Non. Dans notre monde, il vaut mieux tenter de protéger. Mais l'alternative entre exploitation et protection, qui sont en fait deux facettes complémentaires de la relation de sujet à objet, mène nécessairement à la destruction, puisque si, pour un espace donné, on peut passer aisément de la protection à l'exploitation, l'inverse est plus complexe. La réelle alternative à l'exploitation occidentale n'est pas la protection, mais « le vivre avec », c'est-à-dire une façon d'être avec les non-humains fondée sur la relation de sujet à sujet. En restant prisonnier de la fausse alternative entre protection et exploitation, on se dirige vers des zones saccagées constellées de milieux protégés de plus en plus petits, et dont l'entrée sera de plus en plus chère. Des sortes de musées en plein air pour riches. Dans le parc du Cuyabeno, dans le nord de l'Équateur, les Indiens n'ont plus le droit de planter de yucca, mais on entend en permanence des machines parce qu'à quelques kilomètres de là, à la limite du parc, les forages pétroliers détruisent tout. C'est à ce genre de dichotomie que mène la distinction nature-culture.

Comment se manifeste, en Occident, la relation de sujet à objet entre les humains ?

Elle est intimement liée à un autre mythe fondateur de l'Occident moderne : l'utopie libérale d'une sphère économique autonome. Les faits économiques seraient non seulement séparés du reste de la vie sociale, mais la surplomberaient et la détermineraient. *La Société ingouvernable*, de Grégoire Chamayou, et *La Grande Transformation*, de Karl Polanyi, sont deux lectures fondamentales pour comprendre ce processus. Or, dans cette sphère économique, les coûts sociaux ou environnementaux doivent être chiffrables pour être pris en compte. Tout ce qui n'est pas précisément quantifiable est rejeté dans le domaine du non-existant.

Sphère économique autonome et distinction nature-culture s'étaient l'une et l'autre, vu que la sphère économique a besoin d'une « nature objet » qui n'est que ressources. Soit une ressource au sens propre, soit une ressource récréative de type parc national. La même dynamique est appliquée aux humains.

Mais en réalité, la sphère économique n'est pas autonome, elle est pénétrée de politique, si bien que l'État et les hommes politiques doivent en permanence entretenir l'illusion de son autonomie.

Comment vous êtes-vous retrouvé sur la Zad de Notre-Dame-des-Landes, en 2018, en pleine opération d'expulsion ?

Un peu comme pour les Jivaros, j'y suis allé par intérêt intellectuel, parce qu'en France c'est le lieu qu'il faut visiter quand on s'intéresse à la remise en question de la distinction entre nature et culture.

Dans *La Recomposition des mondes*, vous écrivez qu'« étant moi-même plus familier avec l'individualisme qu'avec la vie en communauté, je m'attendais à rester extérieur à tous ces liens, à devoir me cantonner à une position d'observateur ». Vous dites aussi qu'« ici, il suffit de quelques heures dans un potager ou sur un chantier collectif pour se sentir happé, puis dissout dans le bouillon de la Zad ».

M'être senti aussi facilement happé dans la vie de la Zad a été une surprise pour moi, qui suis un pur produit de mon époque – individualiste, peu à l'aise avec l'idée de vie en communauté. Dans n'importe quel groupe social occidental, *a fortiori* quand on est auteur de bande dessinée, on doit essayer de se mettre en avant. Je suis consterné de voir avec quelle spontanéité je fais le malin, je tente de me mettre en avant, alors même que je trouve ça ridicule chez les autres. Il était agréable et relaxant de sentir que, à la Zad, mon petit égo disparaissait de mes préoccupations au profit de ce qui se jouait sur place.

Justement, qu'est-ce qui se joue sur place ?

J'y ai vu pour la première fois des manifestations très concrètes d'un monde affranchi des deux grands mythes occidentaux que sont l'autonomie des faits économiques et la distinction entre nature et culture. À la Zad, j'ai éprouvé une sensation d'exotisme presque plus profonde que ce que j'ai pu ressentir en Amazonie, le sentiment plaisant d'étrangeté que procure le fait d'être dans une ébauche de monde autre.

Avez-vous des souvenirs particuliers d'instants où le dépassement de la distinction entre nature et culture était palpable ?

Ça affleure tout le temps : à travers l'incongruité qu'il y aurait à mobiliser un argument de type service écologique, à voir une séparation entre les questions sociales et environnementales, ou à considérer la forêt ou les mares comme des ressources écologiques. Les liens affectifs au lieu sont si intenses qu'on les sent en permanence. Ailleurs, les gens qui ont des rapports affectifs avec le territoire, les plantes et les animaux restent pris dans le maillage du monde moderne. Ils les nouent en cachette, comme des exceptions, en gardant à l'esprit qu'ils restent des objets marchandisables. À la Zad, c'est l'inverse : la relation maîtresse entre le lieu et les individus est une relation de sujet à sujet. Pareil pour les relations sociales entre humains. Lors d'une réunion sur la Zad, on peut assister à des discussions enflammées entre des membres de classes sociales très lointaines – un punk à chien et un ancien universitaire, par exemple –, alors qu'on s'attend spontanément à les voir ignorer leurs paroles respectives, parce que c'est ce qui se passerait n'importe où ailleurs.

On trouve l'ébauche de ce qui se passe à la Zad dans des centaines d'autres lieux. Mais la Zad est suffisamment grande pour que ça se stabilise à l'échelle d'un territoire. C'est un point fondamental. Ce n'est pas juste une colocation entre amis qui font un potager collectif, des petites initiatives comme des îlots perdus sur le territoire. Notre-Dame-des-Landes dépasse une taille critique, ce qui permet d'avoir l'impression d'un monde qui se structure autour de normes différentes. Où l'on peut s'échanger de la nourriture à prix libre, où l'on est pris dans des relations de solidarité, où l'on prend soin des communs… des modes de relation qui vont à l'encontre de ce qui est en vigueur ailleurs.

Où en est-on en France de la distinction entre nature et culture, entre des enclaves où elle est dépassée et le reste de la société, où elle reste très forte ?

La distinction entre nature et culture et l'autonomie de la sphère économique sont des mythes cousus dans l'existence même des classes dirigeantes. Il est impossible qu'elles s'en défassent. Leurs intérêts de groupe sont si intimement liés à ce fonctionnement qu'elles préféreront largement aller vers un monde saccagé que lâcher le moindre millimètre sur ces questions. Donc, soit il faut renverser d'un coup les classes dirigeantes – se débarrasser de l'État en gros, mais cela semble difficilement réalisable vu sa puissance militaire –, soit leur reprendre des petits bouts de territoire, ce qui semble plus plausible. Ces territoires sont par exemple les Zad ou les ronds-points des Gilets jaunes – qui refusent d'être des marchandises interchangeables et jetables – et toutes ces zones qui s'attaquent au mythe de l'autonomie de la sphère économique. D'ailleurs, le mouvement des Gilets jaunes, qui a été présenté par le pouvoir comme l'anti-écologisme absolu – des pauvres qui veulent continuer à polluer avec leurs diesels sans se préoccuper des générations futures –, est dans son essence plus écologique qu'un mouvement qui s'appuierait sur la croissance verte, c'est-à-dire qui accepterait les règles d'un jeu économique fondamentalement incompatibles avec la lutte écologique. Les Gilets jaunes, le Chiapas, le Rojava, le val de Suse en Italie [où se poursuit la lutte contre le Lyon-Turin], tous ces territoires doivent acquérir de la puissance en densifiant les liens de solidarité entre eux, avec le soutien d'autres éléments de la société qui n'y vivent pas nécessairement. Solidifier la solidarité entre ces territoires libérés de l'économie est sans doute la tâche première de la lutte écologiste.

Vous avez vécu l'expulsion de la Zad de Notre-Dame-des-Landes. Vous attendiez-vous à ce niveau de répression ?

Pas du tout. Ça a été une surprise de voir que la Zad faisait aussi peur aux dirigeants. Vue de l'extérieur, elle est toute petite. Ils auraient pu la laisser en disant « Regardez comme on est écolo ». C'est ahurissant que, pour la détruire, ils aient été capables de dépenser autant d'argent et de prendre un tel risque politique – parce qu'il est presque miraculeux qu'il n'y ait pas eu de mort.

L'autre surprise a été la vigueur de la résistance. Quand on est attaché à un lieu, pour des raisons non pas économiques mais affectives, et qu'on croit en ce qu'il représente, on a une énergie incroyable. L'anthropologue Scott Atran l'a chiffrée, en comparant la motivation de l'armée kurde et de l'armée régulière irakienne contre l'État islamique : un Kurde vaut dix militaires de l'armée régulière parce qu'il se bat pour des raisons intimes, une certaine idée de la « kurdéité », et pas pour des raisons utilitaires comme un salaire ou la peur de la hiérarchie.

La troisième surprise a été ma réaction. Dans une manifestation ordinaire, même pour une cause à laquelle je crois intimement, je suis terrifié dès que la police arrive. Mais, à la Zad, j'avais l'impression que perdre une main ou un œil avait finalement peu d'importance. C'est presque effrayant, cette espèce de transfiguration qui s'opère en nous quand on juge simplement inadmissible que des jardins, des lieux soient démolis par des blindés.

Je suis parti au milieu des expulsions, parce que des gens de la Zad m'avaient demandé de répondre à une conférence de presse à Paris. Je pensais que j'allais être soulagé de m'éloigner de cet enfer, mais je n'avais pas anticipé la force des liens affectifs que je venais de tisser. En fait, c'était horrible, invivable. Je me rappelle m'être réveillé à 8 heures le mercredi matin, avoir allumé la radio et entendu que les combats s'étaient intensifiés. Imaginer les amis qui étaient depuis 5 heures du matin au milieu des gaz et des grenades, après une troisième nuit sans sommeil, était insoutenable.

Toutes mes questions intellectuelles et politiques prenaient réalité, s'ancraient dans la vie réelle. Nombre de sociologues racontent que pour la classe dominante – à laquelle j'appartiens –, les questions politiques sont avant tout du discours ; alors que pour les classes populaires dominées, la moindre décision politique affecte très directement la vie. Dans *Retour à Reims*, Didier Éribon raconte qu'un changement dans les taxes ou les subventions, c'est soit un week-end à la mer, soit des difficultés à se nourrir à partir du 25 du mois. Avec les expulsions de la Zad, des enjeux qui relevaient jusque-là pour moi du discours sont devenus réels. Et ça fait tout bizarre.

Vous partagez votre temps entre la Zad et la ville. Arrivez-vous à vivre en phase avec vos idées quand vous êtes en ville ?

Rien que le fait d'exister en ville, en France, rend incohérent avec ses idées. C'est comme ça. Il ne faut pas trop en souffrir parce qu'essayer d'être parfaitement cohérent fait sombrer dans une écologie des petits gestes, où l'on se prive de tout, tout en étant absolument inutile.

J'ai beaucoup d'amis naturalistes qui souffrent dans leur chair de constater la dévastation du monde. L'un d'eux, chercheur en écologie, vit à Montpellier, une métropole aux dents longues qui saccage ses alentours à une vitesse ébouriffante. Il souffre de voir les mares où il va compter les amphibiens être bétonnées les unes après les autres. Il se prive donc de prendre l'avion et de manger de la viande, mais il est obligé de constater que, malgré ces privations, les mares continuent d'être saccagées et que ce n'est donc pas le bon mode d'action.

Dans *La Société ingouvernable*, Grégoire Chamayou montre comment le monde industriel a réussi à faire porter la responsabilité de la crise écologique aux individus qui ne recycleraient pas leurs déchets. Il évoque une affiche des années 1970 aux États-Unis qui montre un chef indien pleurer devant une bouteille en plastique jetée par terre. Toute la philosophie du recyclage et de l'écologie des petits gestes y est : le responsable est celui qui jette la bouteille – pas celui qui la produit. Il faut espérer que ceux qui tombent dans le piège de l'écologie des petits gestes, des éoliennes et de la croissance verte comprendront rapidement qu'il n'y a pas d'écologie sans lutte collective contre le monde de l'économie, une lutte qui passe entre autres par l'occupation de territoires.

Propos recueillis par Alexandre-Reza Kokabi
et Émilie Massemin

Pierre Rigaux

« L'être humain ne devrait pas être l'alpha et l'oméga »

Pierre Rigaux, naturaliste spécialiste des mammifères, est membre de la Société française pour l'étude et la protection des mammifères (SFEPM).

Reporterre. Comment êtes-vous venu à l'écologie ?

Pierre Rigaux. J'ai grandi à l'interface entre la banlieue et la campagne, au nord de l'Île-de-France. Enfant, j'étais frappé par l'urbanisation qui avançait à vue d'œil. En quelques mois, un bois était remplacé par des lotissements. Il y avait aussi la culture intensive : dans notre lieu de vacances, là où je voyais des pies-grièches dans des haies, il n'y avait l'année suivante qu'un immense champ vide. J'étais attiré par tout ce qui est sauvage, sans emprise humaine, et je voyais cela être détruit petit à petit.

Comment acquiert-on une connaissance pointue sur le monde sauvage ?

J'ai passé beaucoup de temps sur le terrain. À l'époque, il n'y avait pas internet, j'ai appris dans des ouvrages sur les traces d'animaux ou dans les numéros de la revue *La Hulotte*. J'avais des cassettes avec les chants d'oiseaux et des jumelles offertes par mes parents, et j'essayais de mettre en correspondance ce que je voyais avec les jumelles et les dessins dans les livres, ce que j'entendais comme chants et la cassette. Jusqu'à 20 ans, je n'ai jamais rencontré personne qui s'intéresse à ce sujet. Je me suis formé en autodidacte.

Pourquoi vous intéressez-vous aux mammifères ?

Nous sommes des mammifères ! Quand on est en contact avec un mammifère, il se passe un truc qui ne se passe pas avec un oiseau. C'est un monde très varié : des petits, des grands, des modes de vie différents. Il n'y a rien à voir entre étudier un mulot et un loup. Les mammifères sont plus difficiles à observer, ce qui explique en partie le moindre nombre de naturalistes spécialisés à leur sujet. Moi, j'aime ce côté défi.

Vos études de biologie à l'université ont-elles complété votre savoir pratique ?

J'ai choisi les plantes, une spécialité que je connaissais peu. C'était un enseignement riche, même s'il était déconnecté du terrain : en maîtrise, après quatre ans à étudier le fonctionnement d'une plante, la plupart des étudiants ne savaient pas identifier un hêtre ou un chêne. Je ne dis pas cela pour les blâmer, mais pour montrer les absurdités de la formation. Lors d'un stage à l'Institut national de la recherche agronomique, j'ai constaté que mon maître de stage ne faisait pas la différence entre deux herbes distinctes d'une prairie. Il étudiait la biologie de la prairie en passant les brins d'herbe au scanner !

Comment en êtes-vous venu à travailler à la Ligue de protection des oiseaux ?

J'ai toujours voulu travailler dans la protection de la nature. Étudiant, j'étais bénévole dans des associations environnementales et je faisais beaucoup d'inventaires d'oiseaux. C'est ainsi que j'ai été embauché. Mon premier travail à la LPO consistait à aller dans les recoins de la région et à noter tous les oiseaux que je voyais. Le rêve !

Mais au bout de quelques années, je me suis lassé du fonctionnement associatif. Pour moi, l'engagement associatif doit viser à faire bouger le système, mais les ONG de protection de la nature en France sont complètement dans le système. Elles ont deux modèles économiques possibles : les subventions ou le don. Mais en France, les gens donnent peu. Quant à la dépendance aux subventions, elle crée un fonctionnement aberrant. Si bien que l'objectif principal n'est plus de résoudre tel problème environnemental, mais de payer les quatorze salariés et donc d'éviter de vexer le conseil régional, le conseil départemental, les « partenaires ». Par exemple, ne pas froisser EDF qui gère les barrages hydrauliques, parce que l'entreprise pourrait nous payer pour faire un suivi intéressant sur la biodiversité aquatique.

Quand j'étais salarié de la LPO à la région Provence-Alpes-Côte d'Azur pour travailler sur les mammifères, le directeur m'avait interdit de parler, d'intervenir ou de faire une action sur le loup, par crainte de déranger des élus anti-loups qui financent l'association. L'association se contentait d'un petit communiqué ou d'une action juridique de temps en temps pour satisfaire les adhérents, mais il ne fallait surtout pas faire de bruit à ce sujet.

Une autre source de financement des ONG sont les études d'impact préalables à un chantier.

Oui, et cela produit toujours un débat interne. Certains disent qu'en faisant les études d'impact, on peut influer sur les projets. D'autres qu'on ne parvient jamais à faire bouger les choses et qu'on sert plutôt de caution. Ce n'est pas blanc ou noir, mais à cause des études d'impact et des subventions publiques, la marge de manœuvre des ONG est très faible, avec une autocensure immense.

Est-ce pour cela que vous avez quitté la LPO ?

J'ai été fortement aidé dans ma décision puisque j'ai été licencié économique. Mais je pense que mon licenciement n'est pas étranger au fait que j'avais pris publiquement position sur certains sujets comme le loup. Paradoxalement, le fait que je sois engagé pour l'écologie gênait. Certains dirigeants redoutaient que cela donne une image d'association engagée. Dans les Hautes-Alpes, à la suite d'un recours juridique d'associations contre un arrêté préfectoral de tirs de loup, le préfet a dû retirer son arrêté et le président du conseil départemental a annoncé qu'il mettait fin aux subventions à la LPO.

Quand on pense à un naturaliste, on imagine un explorateur découvrant de nouvelles espèces. Aujourd'hui, qu'est-ce que les naturalistes peuvent encore nous apprendre ?

Dans certaines zones du globe, il reste plein de choses à découvrir. En Europe, la liste des espèces ne s'allonge plus trop, les seules nouvelles découvertes sont le fruit de la génétique. Par exemple, à la suite d'un séquençage du génome, on a « découvert » qu'il existait deux espèces de taupes différentes dans le Sud-Ouest… pourtant visuellement les mêmes !

Notre rôle n'est plus tant de découvrir que de préserver. Les naturalistes et les ONG font un énorme travail de recueil de données quantitatives, ce qui permet de voir les tendances. En recomptant les oiseaux, les mammifères, les insectes avec les mêmes protocoles année après année, on constate concrètement la baisse du nombre des animaux. Informer, alerter, c'est essentiel.

Comment jugez-vous la situation écologique aujourd'hui ?

Catastrophique, désespérante. Le système libéral est totalement incompatible avec une réelle écologie. À l'inverse du discours des aménageurs, qui se plaignent de ne plus pouvoir rien faire à cause des normes environnementales, nos campagnes continuent d'être détruites.

L'unique amélioration est la prise en compte nécessaire des espèces protégées. Même si dans le principe « éviter, réduire, compenser » est la formule censée guider les politiques publiques, c'est toujours « compenser » qui est retenu, jamais « éviter ».

Par rapport aux autres enjeux écologiques, la biodiversité est très peu prise en compte. Les conseillers du ministère de l'Écologie sur ces questions, diplômés de grandes écoles, n'ont aucune culture naturaliste. On est obligé de leur expliquer le B.A.-BA du fonctionnement d'un écosystème.

Pourquoi ce manque d'intérêt pour la biodiversité ?

Par la déconnexion des gens avec la nature. Ils n'ont pas de contact avec un arbre ou un oiseau. On me demande parfois : qu'est-ce que ça va changer dans ma vie si un crapaud disparaît ? Je réponds à cette question rhétorique par l'absurde. La disparition d'une espèce n'entraîne pas de bouleversement écologique et n'a donc pas de conséquence sur les humains ; mais si l'on élimine tout ce qui ne nous apporte rien de concret dans l'immédiat, à la fin il ne restera rien. D'ailleurs, les effets cumulés ne sont jamais pris en compte dans les études d'impact. Quand il détruit une zone humide, l'aménageur indique que l'impact est faible puisqu'il ne s'agit que du millième des zones humides du département. Il n'y a pas de vision globale.

Malheureusement, on utilise souvent – et c'est mon cas, par déformation professionnelle – l'argument utilitaire de l'impact pour les humains parce que c'est le seul qui est écouté par les politiques et certains citoyens. Mais la question qu'on devrait se poser est : a-t-on le droit de faire disparaître une espèce ? Un crapaud est important pour lui-même. L'être humain ne devrait pas être l'alpha et l'oméga de la réflexion sur l'avenir de la planète.

La conscience n'est pas le propre de l'humain, mais nous avons quand même une conscience particulièrement développée de nos actes. Cela nous confère une responsabilité de faire attention aux conséquences et le devoir de ne pas détruire.

Faites-vous le lien entre connaître la nature et la protéger ?

Il n'y a pas besoin d'une connaissance précise pour une protection globale. Du moment qu'on refuse que la prairie soit détruite et qu'on ne veut pas d'un nouvel aéroport, peu importe si ce qu'on protège est telle ou telle sous-espèce de tulipe sauvage. Et, à l'inverse, des gens passionnés par l'observation et l'étude des animaux sauvages prennent l'avion tous les ans pour aller voir tel oiseau en Australie ou la banquise qui fond !

La connaissance naturaliste peut être utile quand il s'agit d'empêcher concrètement un projet. Il faut avoir la connaissance technique pour identifier une espèce, savoir si elle est protégée et comment faire un recours. C'est par défaut qu'on a besoin de nous. Dans un monde meilleur, il n'y aurait pas besoin d'ONG de protection de la nature et je serais photographe nature plutôt que naturaliste.

Que pensez-vous des programmes de sciences participatives entre le Muséum national d'histoire naturelle et nombre d'ONG, avec cette idée qu'en encourageant les gens à observer, on les sensibilise à la protection ?

Même si on parvient à intéresser les gens au monde sauvage, cela n'empêche rien car ils sont pris dans un système de consommation. Quand Nicolas Hulot faisait ses émissions télé sur l'Amazonie, il donnait envie aux gens d'aller voir la forêt, donc de prendre l'avion. On pousse davantage les gens à agir quand on leur montre le côté « crade ». Ce qui m'a poussé à agir, au début, c'est surtout de voir des petits jardins ouvriers, des friches ou des petits bouts de forêt disparaître à côté de chez moi. Il faut se sentir concerné.

Pourtant, vous partagez aussi sur les réseaux sociaux des quiz sur les empreintes d'animaux, les chants d'oiseaux… Pourquoi ?

Parce que si je pense qu'il faut choquer, je n'en suis pas sûr non plus. J'essaie de voir ce qui marche et ce que font les autres. Souvent, les ONG font 80 % de caméra cachée dans les abattoirs, 20 % de petit agneau gambadant dans l'herbe.

D'après vous, contre quoi faut-il se battre en priorité pour protéger la biodiversité ?

Contre soi-même. Le système politico-économico-social est incompatible avec une réelle mise en œuvre d'un programme écologique. Au ministère, c'est totalement verrouillé. Pour changer le système, il faut que les gens le veuillent et luttent contre leur envie de confort facile. J'ai des amis naturalistes qui tiennent un discours écolo mais prennent l'avion cinq fois par an pour aller au bout du monde. Moi-même, j'ai un smartphone depuis peu de temps. Si l'on ne remet pas en question son mode de vie, on ne peut pas demander à un gouvernement de devenir écolo.

J'agis avec mes petits moyens là où je pense pouvoir être le plus efficace. Les animaux et la nature sont mon cœur de métier et mon intérêt premier et je connais bien la chasse. Si j'étais ingénieur physicien nucléaire, je m'intéresserais aux centrales nucléaires.

J'essaie de cibler une action et d'obtenir quelque chose. Je ne vais pas obtenir tout seul la fin de la chasse aux oiseaux migrateurs. Mais Decathlon, une enseigne parmi les préférées des Français, vend des produits de chasse et participe à faire accepter socialement cette activité comme un loisir. Si l'on arrive à faire bouger ça ou au moins à le médiatiser, peut-être que les gens se diront qu'il n'est pas normal qu'un loisir se pratique avec un fusil.

Vous parlez beaucoup d'actions individuelles. Est-ce parce que vous pensez que la lutte ne passera pas par des structures organisées comme les ONG et les partis politiques ?

Les ONG peuvent être très efficaces pour obtenir de petites choses concrètes. Ces dernières décennies, il y a plein d'exemples d'espèces protégées grâce à des ONG, de recours d'ONG qui ont permis d'éviter la destruction de telle zone… Mais ce sont des victoires ponctuelles, qui ne nous font jamais changer de direction.

Vous vivez à la campagne, auprès de chasseurs et d'éleveurs et vous luttez contre la chasse et les tirs de loup. Comment mobiliser en milieu rural sur ces questions qui peuvent être très clivantes ?

Je cherche à parler au plus grand nombre, mais je ne dépense jamais d'énergie à essayer de convaincre quelqu'un qui ne sera jamais d'accord. Quand j'habitais dans la Drôme, mon voisin agriculteur était chasseur ; il n'était pas d'accord avec moi mais je n'allais pas me lancer dans un débat avec lui.

Je ne vais pas changer de discours pour autant. C'est pour ça que certains petits éleveurs me détestent. Je les connais, je connais leurs moutons, je vois ce qu'ils font. Ça les dérange que je raconte ce qui se passe. Pareil pour la chasse. Quand j'étais dans la Drôme, j'ai diffusé la photo d'un cerf tué par les chasseurs, en masquant les visages. Pour moi, c'était de l'information. Un chasseur a réagi en venant me menacer de mort chez moi : il a sorti une balle de sa poche et m'a dit qu'elle finirait entre mes deux yeux si je n'arrêtais pas de dire du mal de la chasse.

Si un gars de Paris parle de la chasse, comme les chasseurs se revendiquent de la ruralité, ils jouent sur le clivage ville/campagne. Mais si c'est un mec de la campagne qui le fait…

Pensez-vous qu'il y a trop d'urbains et qu'il faut réinvestir les campagnes pour changer notre rapport à la nature ?

Si beaucoup de gens de la ville allaient vivre à la campagne, les campagnes deviendraient la banlieue. Il y a déjà beaucoup d'étalement urbain et de zones dortoirs en périphérie des villes. En parallèle, les surfaces agricoles déclinent, de moins en moins de gens y travaillent et une grande partie des plantes cultivées servent à l'alimentation des animaux d'élevage.

On n'a pas besoin d'exploiter tous ces animaux pour les envoyer à l'abattoir pour leur viande ou leur lait. S'il n'y avait plus d'élevage, les cultures serviraient principalement à l'alimentation humaine et on aurait besoin de moins de terres agricoles. On pourrait adopter des modes d'agriculture moins chimiques, moins mécanisés, qui feraient travailler plus de monde – des gens s'installeraient à la campagne pour y travailler et la faire vivre. Certes, les prairies sont très importantes, mais on peut imaginer les maintenir en y installant des animaux qui ne serviraient pas à la production agricole, dans des fermes-refuges par exemple – ça existe déjà.

Les terres agricoles qui ne serviraient plus à l'alimentation animale pourraient être « réensauvagées ». Redevenir des zones humides par exemple, des milieux essentiels qui ont peu à peu disparu à cause de l'urbanisation et des pratiques agricoles. On pourrait aussi laisser évoluer spontanément des forêts, car les forêts exploitées sont beaucoup plus pauvres écologiquement.

Mais alors, comment reconnecter les gens à la nature en ville ?

En leur montrant ce qui existe près de chez eux, la vie sauvage à l'intérieur des villes. Et en leur enseignant des rudiments de biologie, pour comprendre comment pousse une plante ou comment vit un animal. On n'a pas besoin d'être au cœur de la campagne ou de la forêt pour connaître ça, et encore moins de partir en voyage organisé sur la banquise ou en Australie. Et j'en reviens à ma première idée : se reconnecter à la nature, c'est bien, mais regarder ce qui ne va pas l'est autant, voire plus.

Quelle serait la première mesure politique à prendre pour protéger la biodiversité ?

Revoir le statut des espaces naturels. Aujourd'hui, face à un projet d'aménagement du territoire, les naturalistes font des inventaires en espérant trouver des espèces protégées, parce que la protection des espaces est faible et que c'est la seule manière d'éviter ou de limiter la destruction d'un site. J'ai été contacté un jour par la Direction régionale de l'environnement, de l'aménagement et du logement du Limousin parce qu'un agriculteur était en train d'assécher une zone humide et qu'elle n'arrivait pas à l'empêcher réglementairement. Elle avait trouvé des campagnols amphibies sur le site et voulait que je l'aide à rédiger un argumentaire technique sur cette espèce, pour montrer que l'agriculteur risquait de l'impacter avec son tracteur-pelle. Pour protéger une zone humide, on est obligé de recourir à l'argument qu'une espèce est menacée ! Ces zones humides devraient être protégées en tant que telles.

Dans ce monde qui est le nôtre, cela vaut-il le coup de faire des enfants ?

Une mesure écologique individuelle forte est de ne pas faire d'enfant. Si l'on consomme végétarien, bio et local, qu'on essaie de ne pas trop prendre la voiture et l'avion, c'est pour réduire son impact ; une réduction d'impact encore plus forte est de ne pas créer un individu en plus qui aura tous ces impacts. Je n'ai pas d'enfant et je ne prévois pas d'en faire. Mais je ne me permettrais pas de juger les gens qui ont des enfants et je ne sais pas si un jour je ne serai pas rattrapé par la passion et les circonstances. Tout cela est tellement triste !

Qu'est-ce qui vous fait tenir malgré tout ?

99 % du temps, l'action ou le combat ne va pas aboutir. En ce moment, avec une ONG, nous demandons au ministère de protéger le putois d'Europe,

menacé à cause de la destruction de son habitat et du piégeage, mais toujours classé comme nuisible. Les institutions, les naturalistes, le ministère, l'Office national de la chasse et de la faune sauvage, le Muséum, tout le monde est d'accord pour dire que l'espèce est menacée. Mais les gens du ministère disent que la protéger déplairait aux chasseurs. Les chasseurs ne s'intéressent pas au putois d'Europe, mais si on leur retire une espèce, ils vont hurler que c'est la porte ouverte aux interdictions. Donc, cette mesure ponctuelle nécessaire a peu de chance d'aboutir.

Je pars du principe qu'une action, normalement, ne va pas aboutir. Cela me permet de ne pas être déçu. Et les rares fois où l'on réussit, cela fait vraiment plaisir. En 2012, on a obtenu la protection du campagnol amphibie, une espèce rare mais assez répandue sur le territoire. Je suis aussi porté par le soutien des gens. Sur des sujets aussi clivants, on s'en prend plein la tronche : des chasseurs qui menacent, des gens au ministère qui sont censés être des alliés mais qu'on en vient à considérer comme des adversaires, etc.

Enfin, je tiens bon parce que je m'accorde des pauses, que je vais dans la nature, m'asseoir au bord d'une rivière ou en montagne, arrêter le téléphone et regarder le paysage. Il reste des endroits préservés, même s'ils sont minoritaires. Hier, j'ai regardé le coucher du soleil au bord de la Drôme, à un endroit où la rivière est vraiment sauvage et où elle fait des tresses. C'était somptueux. On se dit « Waouh ! merci la nature ». Ça aide à vivre !

Propos recueillis par Lorène Lavocat et Émilie Massemin

JADE LINDGAARD

« LES MÉDIAS FONT PARTIE DU PROBLÈME »

Jade Lindgaard est journaliste à Mediapart, autrice de *Je crise climatique* (La Découverte, 2014) et membre du collectif Féministes pour la justice climatique/Toxic Tours. Dans cet entretien, elle explique comment le fait de raconter le monde, notamment les luttes ancrées dans un territoire, permet de le comprendre et de s'engager pour qu'il change.

REPORTERRE. Durant votre enfance, dans les années 1970 et 1980, quel rapport aviez-vous avec l'écologie ?

JADE LINDGAARD. J'ai passé mon enfance dans un immeuble du XVᵉ arrondissement de Paris, dans un imaginaire totalement urbain, industriel, en « toc ». Dans la chambre que je partageais avec ma petite sœur, on avait une moquette synthétique et un Sacco [un pouf inventé en 1968] orange vif percé, d'où s'écoulaient plein de petites boules de plastique blanc.

Dans la grande surface où nous allions faire les courses, tout était sous emballage plastique. On mangeait de la purée Mousline. Un jour, ma mère est rentrée du travail avec un truc incroyablement moderne, un sachet de salade sous plastique. Sa grande vertu : on pouvait la manger directement, sans avoir à la laver.

Je passais beaucoup de temps devant la télé, complètement fascinée par New York. Quand je voyais les tours de Beaugrenelle depuis ma fenêtre, je m'imaginais aux États-Unis. J'ai aussi été scout et on partait régulièrement camper dans la nature. Mais cela représentait plutôt pour moi dormir à plusieurs sous une tente, la vie en collectivité, les jeux de piste, l'Opinel, que les arbres, les champs ou les insectes.

Comment en êtes-vous venue à vous informer sur l'écologie ?

À la fin des années 1990, je travaillais aux *Inrockuptibles*, quand j'ai découvert le mouvement altermondialiste. En 1999, j'ai vu des mouvements révolutionnaires prendre la rue lors d'une grosse manif de blocage à Seattle. Ça m'a fascinée. Mes centres d'intérêt se sont déplacés vers la question de la justice sociale, de la critique du capitalisme, du FMI [Fonds monétaire international], de la Banque mondiale, du tiers-mondisme, des rapports entre Nord et Sud. En 2001, au contre-sommet du G8 à Gênes et au Forum social mondial de Porto Alegre, j'ai été prise dans un univers extraordinaire d'intelligence, de puissance critique, de fécondité et de capacité d'action collective. Les activistes qui posaient la question de l'illégitimité d'un ordre politique constituaient en même temps des mouvements hyper-joyeux, forts et provocateurs.

En 2007, j'ai retrouvé ces copains, notamment les membres du mouvement britannique *Camps for climate action*, à Heathrow, en Angleterre. Ils occupaient le plus gros aéroport européen pour protester contre l'essor du trafic aérien et un projet de troisième piste qui n'a jamais vu le jour. C'était un mouvement très contestataire, très désobéissant, avec plein d'ateliers pratiques dédiés au partage de connaissances. Vue de France, cette manière de mélanger rapport à la nature, action collective, anarchisme, savoir et pratique était très novatrice. C'est ce qu'on a retrouvé ensuite sur la Zad de Notre-Dame-des-Landes.

En informant sur ces mouvements, vous considérez-vous comme une actrice du changement ?

Un journaliste doit être dans une distance critique vis-à-vis des faits et des propos qu'il recueille. C'est la base. Mais ce rapport critique ne signifie pas tenir une position intermédiaire entre deux points de vue contradictoires.

Les mouvements altermondialistes utilisaient le savoir pour critiquer un ordre économique et financier. Ils disaient : « On n'est pas simplement des citoyens en colère, on en sait autant que vous. » En tant que journaliste, ça t'oblige à bouger en te disant qu'effectivement il faut arrêter de hiérarchiser les sources entre ceux qui sauraient et ceux qui agiraient. Cela ne veut pas dire qu'un paysan connaît mieux le climat qu'un climatologue. Mais il n'y a pas de hiérarchie entre leurs savoirs. Cela implique de traiter avec autant de respect un jeune de la Zad, qui connaît bien son territoire et sait pourquoi il le défend, que le président du département qui fait la démonstration par A + B de la nécessité de réaliser un aéroport pour créer de l'emploi.

Casser cette hiérarchie des sources m'oblige à m'interroger sur ma position. Je conteste un cadre général d'interprétation qui priorise la création d'emplois et la croissance économique au détriment de la préservation d'une zone humide. Cela me met dans une position d'engagement. Assez rapidement, on m'a renvoyé l'image d'une journaliste engagée, d'une « journaliste militante ». Il faut être sincère dans ses intentions : quand j'écris, j'essaie de convaincre mes lecteurs qu'il faut s'engager pour changer les choses. C'est une position militante que j'assume. La colère et l'indignation nourrissent profondément mon travail de reportage et d'enquête. Une forme de journalisme de transformation sociale me paraît vitale. C'est dans ce sens que des journalistes peuvent jouer un rôle dans un mouvement de lutte écologiste. Les journalistes et, aujourd'hui, les blogueurs et youtubeurs font partie intégrante des mouvements sociaux.

Ne trouvez-vous pas frustrant, sur des terrains de lutte, de rester dans une posture journalistique ? Avez-vous déjà pensé à tout plaquer pour aller vivre à la Zad de Notre-Dame-des-Landes ?

Je me suis posé mille fois la question et je me la pose encore. Mais je continue à être journaliste pour l'écriture. Sans l'écriture, je n'arrive pas à penser. J'ai fait un reportage au long cours sur la Zad, où je suis restée sur place plusieurs jours de suite. Allongée dans mon sac de couchage, dans une petite caravane, j'avais tous les mots entendus dans la journée qui me revenaient et tournaient comme une musique intérieure. Je n'arrivais pas à trouver le sommeil. L'écriture me sert à digérer tout ça, à me dissocier, à prendre de la distance et à retrouver une subjectivité par rapport à ces sensations, ces colères, ces joies, ces tristesses.

La question de la distance n'est pas ridicule. Un endroit comme la Zad fabrique un autre monde politique, de sensibilité, de désir humain… Il est très tentant de se plonger dans cette utopie à 100 %. Mais la société patriarcale, capitaliste, faite de dominations injustes est toujours là. Mon rôle est peut-être d'être à l'interstice de ce monde industriel, capitaliste, patriarcal, dominateur et de cet autre monde de faune et de flore, libéré des dominations. D'être une contributrice de lien entre ces deux espaces. Ce n'est pas un rôle facile. On se prend des coups des deux côtés.

Comment avez-vous vu évoluer le traitement de l'écologie dans la presse française ?

Les médias font partie du problème. Si l'on veut être positif, on peut dire qu'on a beaucoup progressé quantitativement sur le nombre de sujets publiés sur le changement climatique, l'effondrement des espèces… Mais ces sujets sont traités sans que le lien soit fait avec le capitalisme ou le patriarcat. On continue de segmenter l'écologie comme un sujet à part, on a des journalistes environnement, des rubriques environnement, alors que c'est une autre vision du monde qui est nécessaire, un autre cadre d'interprétation, une autre manière de parler d'économie, de politique, des inégalités, des questions sociales. Cette approche segmentée contribue à rendre périphériques les questions dont on parle.

Mediapart est parti d'assez loin dans l'importance accordée à l'écologie. J'ai pesté de nombreuses fois contre le fait que ces questions étaient toujours reléguées au bas de la page d'accueil, invisibilisées. Depuis, l'équipe a lentement évolué. Aujourd'hui, dans nos réflexions éditoriales, les questions d'écologie et de climat sont des priorités. Nous devons être assez représentatifs de discussions dans d'autres journaux. La chance que nous avons par rapport à eux, c'est que, comme le journal est assez neuf et sur internet, il est plus plastique et on peut plus facilement y faire remonter des sujets pour les mettre en valeur.

Il y a des alertes sur l'environnement et le climat, pourtant ça n'avance pas. Quels sont les points de blocage ?

Déjà, le cadre capitaliste de la société. L'économie est organisée autour de la propriété privée et du profit, antinomiques avec la préservation de la faune, de la flore et du climat. À partir du moment où les instruments économiques utilisés – profits et dividendes, chiffre d'affaires, PIB [produit intérieur brut] – n'accordent pas de valeur à l'efficacité énergétique, à la réduction des émissions de gaz à effet de serre, à la préservation d'espaces naturels et de terres agricoles, les dés sont pipés.

Dans *Je crise climatique*, je m'étais intéressée à la dissonance cognitive. Nos subjectivités sont formatées par ce cadre capitaliste. On a assimilé des valeurs de performance, de concurrence et tout un réseau de désirs et d'affects marqués par le consumérisme.

Dans les années 1970 et 1980, partir écouter de la musique au Brésil, en Afrique, en Asie était le summum de la branchitude. Très peu de gens prenaient au sérieux la question des dégâts irréversibles provoqués par les Occidentaux débarquant dans les communautés avec leur fric et leur modernité. Cette prédation était masquée par un exotisme bienveillant et plutôt progressiste. Ces gens critiquaient le matérialisme occidental en se rêvant du côté d'autres civilisations, mais au prix du développement de cette industrie aérienne ultrapolluante.

Prenez-vous encore l'avion ?

J'essaie de ne plus le prendre. On ne peut pas écrire sur la catastrophe irréversible du changement climatique et partir en avion voir le Groenland fondre. Ce n'est possible ni moralement ni sensiblement. C'est pour ça que la mobilisation de chercheurs face à leur énorme problème de bilan carbone est importante. On ne parle pas de la même manière du climat quand on essaie de réduire au maximum son impact.

Dans les années 1990-2000, l'approche experte a été essentielle pour dire qu'il y avait un changement climatique causé par la consommation des énergies fossiles. Mais elle a entretenu cette dissonance. Une manière de se libérer de cette prison est de rouvrir les sensibilités : par la poésie, la lenteur, le plaisir de passer du temps dans une forêt ou près d'un lac, pour se libérer de cette armure que le consumérisme et la ville industrielle nous ont créée.

Vous vous êtes aussi intéressée aux luttes collectives comme les Indignés, la Zad de Notre-Dame-des-Landes, Bure…

Ce sont des brèches dans l'ordre établi. Ce sont aussi des espaces de pensée en action plus libres que les colloques, réunions ministérielles et autres séminaires d'entreprise. Les pensées sont en lien avec des pratiques qui influent à leur tour sur les pensées. À la Zad, on abolit le plus possible la différence entre dire et faire. Tu arrives avec tes idées de philosophe ou d'économiste, et on te propose de participer au groupe « vaches » ou à la construction d'une charpente. Si tu réponds que tu n'es pas manuel, on s'en fiche. Ça provoque des pensées à vif, plus concrètes et plus puissantes.

Il y a de la puissance de changement dans ces mouvements. Ces collectifs rendent vivants, concrets, d'autres mondes.

Que pensez-vous d'une autre forme d'écologie qui est plutôt dans la transformation individuelle des modes de vie ? Vous considérez-vous comme une Colibri ?

Je ne suis pas fan de la métaphore du petit colibri, parce qu'il prend sa part mais il n'éteint pas l'incendie ! Mais j'ai beaucoup de respect pour eux. Il n'y a aucune raison d'être écolo : on se prend des coups, on s'engueule avec ses amis – c'est mon cas –, on peut être en désaccord avec sa famille, on se fait chambrer par ses collègues… En plus, j'ai parfois l'impression de porter sur mes épaules la charge de la destruction en cours du monde. J'avais une vie plus insouciante quand je travaillais sur l'art contemporain, même si, pour rien au monde, je ne voudrais revenir en arrière.

Dans ce contexte, on peut se réjouir de voir des personnes essayer de faire quelque chose dans leur coin. Mais c'est insuffisant. Il y a donc un travail à faire pour conduire ces personnes dans une action collective plus efficace.

Je critique les usages très individualistes qui sont faits de la notion d'effondrement. Cette idée que « OK, le monde va s'effondrer, donc je nous prépare, mes proches et moi, à la fin du monde ». Ce n'est pas ce que dit Pablo Servigne, mais c'est ce que beaucoup pensent. Il me paraît plus important de mettre au premier plan la justice environnementale et climatique en agissant dès maintenant contre les inégalités, en lien ou non avec le changement climatique. Je suis végétarienne, je n'ai pas de voiture, je me déplace toujours à vélo… Même si j'ai plein de contradictions – un iPhone, internet –, j'essaie de réduire le plus possible mon impact. Mais il me semble parfois plus important de soutenir une lutte de sans-papiers, de réfugiés ou un rassemblement contre les violences policières que de faire mon compost.

L'écologie est encore souvent perçue comme une préoccupation de bobos. Avec le Toxic Tour, vous faites au contraire un lien entre écologie et quartiers populaires. Pourquoi ?

Plus on est pauvre et dominé, plus on risque d'être exposé à un environnement pollué. On a commencé les Toxic Tours avec l'idée de cartographier en quoi des habitants et habitantes de quartiers populaires de Seine-Saint-Denis, qui sont parmi les personnes les plus impactées par les discriminations raciales, les discriminations à l'emploi et au logement, les violences policières, sont aussi surexposées à un air pollué. Saint-Denis est traversée par des autoroutes. Il nous semblait très important de dénoncer cette injustice supplémentaire, d'autant plus qu'elle est invisible et toujours passée sous silence, alors qu'elle a plein d'effets sur l'état de santé des personnes, leur durée de vie et même leur rapport au monde. Quand j'ai commencé à travailler là-dessus, à arpenter les quartiers et à discuter avec les gens, ça m'a envahie.

C'est une inégalité qui s'ajoute à toutes les autres. Beaucoup de gens à faibles revenus se retrouvent dans des logements mal isolés, en situation de précarité énergétique. Ils achètent des chauffages d'appoint qui consomment énormément et font exploser leur facture énergétique. L'isolation thermique des bâtiments devrait être le chantier prioritaire de nos politiques sociales en France. Or, ce n'est pas le cas.

Idem sur l'alimentation. De nombreuses familles en difficulté vont acheter de la nourriture industrielle en grandes surfaces car elles n'ont pas les moyens d'acheter de la nourriture bio et variée. Il serait vital que leurs enfants y aient accès à l'école. Mais la plupart du temps, la restauration collective est industrielle, les plats sont réchauffés dans des films en plastique.

Faut-il de l'argent pour être écolo ?

Les pauvres ont des pratiques écolos, même s'ils ne les qualifient pas comme telles : la récupération, le recyclage, etc. Mais quand, comme des millions de gens en France, on cumule deux ou trois boulots pour payer son loyer et joindre les deux bouts – ce que montre le mouvement des Gilets jaunes –, se préoccuper du changement climatique et de l'effondrement des espèces peut paraître quelque chose de secondaire. À cause d'urgences vitales et sociales, mais aussi parce qu'on se sent impuissant. Il faut croire en soi-même pour penser que son action est efficace face à des bouleversements fondamentaux.

C'est pourquoi se dire écolo et militer est aujourd'hui le fait d'un privilège social. Il faut être conscient d'où on se situe socialement. Et quand on se met à vouloir agir, on ne peut pas le faire que pour soi. Les gens qui disent agir pour leurs enfants sont respectables, mais cela entretient un entre-soi assez bourgeois.

Vous êtes proche des mouvements écoféministes. Pourquoi faire ce lien entre lutte écologique et lutte contre la domination masculine ?

Starhawk et Silvia Federici ont décrit le tournant historique où se posent ensemble les questions du capitalisme, de la séparation entre le monde humain et celui de la nature, et de l'assignation des femmes à un rôle subalterne. C'est le moment de la pensée moderne de Descartes, une matrice colonisatrice et esclavagiste où se légitime un rapport d'exploitation de ce qui est considéré comme autre, nature comprise. Ces différentes formes de domination constituent aujourd'hui un système politique où s'entremêlent les dominations financière, économique, patriarcale, raciste et d'exploitation de la nature.

Ce qui est très beau dans la critique écoféministe de ces dominations, c'est la manière dont des femmes, des *queers*, des transexuel(le)s ont tenté de reprendre de la puissance en tant que femmes, *queers*, trans, etc. Tout cet univers antipatriarcal essaie de trouver des manières sensibles d'écrire, de faire de la poésie, d'agir pour se confronter à la domination, en partant de ce que le système dominant considère comme un point de vulnérabilité. On utilise le corps de la femme, les fluides, les règles, le ventre, les rondeurs, les seins, tout ce qui dégoûte, pour montrer qu'on est du côté de la nature. De nombreuses personnes considèrent que les mouvements féministes sont essentialistes et les regardent avec mépris, mais c'est une confusion. Il s'agit en réalité de partir de ce en quoi les femmes sont les plus minorisées, ostracisées, stigmatisées, pour reconstruire de la puissance.

Dans le mouvement Chipko en Inde, des femmes ont protégé des arbres parce que c'étaient elles qui allaient chercher de l'eau et qu'elles savaient que les couper allait abîmer les sources. Je suis dans un collectif écoféministe et ça fait sens pour nous de lire des textes et de parler de nature en non-mixité, pour cultiver notre manière de nous parler, en étant le plus à l'écoute possible, en étant dans le *care* (le soin), des valeurs antinomiques du patriarcat. C'est une forme de résistance.

Je me suis rendu compte que je pouvais participer à la protection de l'écosystème avec mon corps de femme, en ayant un rapport plus intime à ces questions. Je peux faire barrage à un train de transport de charbon, à des policiers qui protègent une pelleteuse en train de détruire une forêt… Ça crée de l'*empowerment* [prise de puissance]. L'an dernier, au rassemblement Ende Gelände en Allemagne, des blocs féministes et des *queers* ont expérimenté une manière *queer* de bloquer une mine de charbon : pas fondée sur le fait de ne pas avoir peur de se battre contre des policiers – autrement dit, sur la performance physique, la force et l'endurance –, mais sur le fait d'être nombreux, d'organiser une fête sur les rails pour se donner envie de rester longtemps, de s'entraider pour monter sur le talus, etc. Tout cela nourrit une envie d'action et peut avoir d'autres résonances. C'est polyphonique.

Propos recueillis par Alexandre-Reza Kokabi
et Émilie Massemin

Matthieu Amiech

« Le cœur de la catastrophe écologique est en train de devenir le numérique »

Matthieu Amiech est éditeur et artisan. Il participe aux activités du collectif Écran total, qui fédère des résistances à l'informatisation du travail et de la vie quotidienne.

Reporterre. Comment vous êtes-vous intéressé à l'écologie et à la technologie ?

Matthieu Amiech. Je suis issu d'une famille de gauche assez classique, marquée par le mouvement ouvrier et la question de l'injustice sociale. Dans mon parcours, les grèves de 1995 ont été très importantes. J'avais alors 16 ans et je vivais au centre de Paris. J'ai grandi dans un quartier qui n'était pas encore celui des *start-up* comme Uber Eats, mais plutôt celui des grandes manifestations syndicales et antifascistes. Ce milieu m'a poussé à m'intéresser aux sciences humaines. Par la suite, la bataille des OGM [organismes génétiquement modifiés] a été déterminante. J'ai été très inspiré par la branche radicale du mouvement qui s'y opposait :

les éditions de L'Encyclopédie des nuisances, les situationnistes et René Riesel qui prônait le sabotage.

Avez-vous participé vous-même à des fauchages d'OGM ?

Non, à ce moment-là, j'étais étudiant à Paris en sociologie, à l'École normale supérieure. Avec plusieurs camarades, on protestait déjà contre l'enseignement de l'économie à l'université. On trouvait scandaleux que l'on utilise l'argent public et les sous des travailleurs pour promouvoir la pensée néolibérale en la faisant passer pour une science. Avec les OGM, on a vu la même escroquerie se reproduire, les mêmes mensonges : le mythe du développement, la pseudo-neutralité de la recherche…

Comment le combat contre les OGM a-t-il transformé votre vision politique ?

La lutte anti-OGM a été un choc intellectuel qui m'a permis de développer un esprit critique. J'ai découvert à travers elle tout un pan de l'histoire des luttes que je ne connaissais pas, comme les luddites et les briseurs de machines. J'ai compris que les évolutions sociales les plus fortes n'avaient pas été obtenues en quémandant des choses à l'État ou aux patrons, mais en prenant directement en main son destin, lorsque les travailleurs et la population manifestaient un réel désir d'autonomie.

Avec le mouvement OGM, on a observé le retour du sabotage. J'ai aussi compris que les luttes n'avaient pas toujours été menées pour obtenir plus d'argent ou de droits sociaux, mais qu'elles portaient parfois sur les moyens de subsistance que le capitalisme a peu à peu confisqués au cours de l'histoire.

Après la bataille des OGM, vous êtes-vous impliqué dans d'autres luttes ?

Je participais à tous les grands mouvements sociaux de l'époque. J'ai pris part aux grèves de 2003 quand les syndicats ont tout verrouillé afin d'éviter que le conflit tende vers la grève générale. J'allais aussi aux rassemblements antimondialisation, aux contre-sommets, à Gênes, à Nice. Avec des amis, on a écrit à ce moment-là *Le Cauchemar de Don Quichotte* (Climats, 2004), un livre qui faisait une critique du productivisme dans les mouvements de défense de l'État social et chez les altermondialistes.

En parallèle, j'ai participé à de nombreuses actions contre la publicité. On attaquait les symboles du consumérisme en arrachant des publicités dans le métro et en écrivant des messages à la place. Ça a pris beaucoup d'ampleur. On a rédigé au même moment, avec le groupe Marcuse [Mouvement autonome de réflexion critique à l'usage des survivants de l'économie], un livre pour inscrire cette vague de déboulonnage dans une critique cohérente et globale du capitalisme.

On perturbait également le milieu universitaire et le mouvement de scientifiques Sauvez la recherche. On se demandait s'il était décent d'avoir un mot d'ordre de sauvetage de la recherche scientifique, sans savoir ce qu'elle cherche, au vu des sommes dépensées dans les nanotechnologies, le nucléaire, les OGM… On avait par exemple bloqué la Fête de la science à Orsay, en faisant sortir le directeur du campus. On s'était déguisés en Indiens, avec des plumes et des arcs, et on avait attaqué le petit train de la science en leur demandant de quitter la terre de nos ancêtres. On s'amusait en faisant des choses sérieuses.

Et comment remplissiez-vous votre assiette au jour le jour ?

J'étais chargé de travaux dirigés à la faculté de Nanterre avec une bourse de thèse pour faire un travail sur le marketing et la publicité. C'était une manière d'enquêter au cœur de la société de consommation.

Êtes-vous resté dans le monde universitaire ?

J'ai arrêté petit à petit. J'ai réussi un concours pour enseigner au lycée, mais je ne l'ai jamais utilisé. J'ai démissionné de l'Éducation nationale et me suis installé dans le Tarn à partir de la fin des années 2000. J'ai continué à être prof de manière précaire avant d'arrêter définitivement à partir de 2013 pour me tourner vers un travail de traduction et l'artisanat. Je me suis formé à faire et à utiliser les enduits en terre et en argile. Pour moi, l'idée de vivre en milieu rural s'est imposée progressivement, après une réflexion longue et mûrie au sein de dynamiques collectives. Ça a été une manière de prolonger les luttes qu'on menait contre la publicité et les technosciences.

N'y aurait-il pas eu du sens de mener cette réflexion et ces luttes au sein du système ?

Non, mais c'est personnel. À l'époque, nous n'avons pas réussi à réorienter l'activité intellectuelle au sein de l'université vers une réflexion sur l'impasse de la société industrielle et capitaliste. Certains d'entre nous sont quand même restés enseignants, et ils font des choses très bien. Le contexte à l'université a changé. On a maintenant des travaux très intéressants impulsés, à l'École des hautes études en sciences sociales [EHESS], par Jean-Baptiste Fressoz et Christophe Bonneuil ou, à Dijon, par François Jarrige. De nouvelles portes s'ouvrent, ça se déverrouille au niveau mental.

Le cœur de votre travail est la critique de l'information et de la technologie.

Dès les années 2000, nous avions organisé plusieurs actions contre l'avancée de l'informatisation. Déguisés avec des masques de carnaval, on avait détruit à la massette les bornes biométriques d'une cantine scolaire dans un lycée de Gif-sur-Yvette. On s'inspirait de l'imaginaire luddite. Trois personnes ont été arrêtées. On a écrit alors des tribunes, des articles, mais on est sortis de cette séquence en se disant qu'il était important d'avoir notre propre outil de diffusion. On a créé les éditions de La Lenteur, avec le principe de ne pas publier plus de trois ou quatre livres par an, mais de prendre soin de la qualité de l'écriture, du graphisme, de l'imprimerie.

Nous suivons un fil rouge : le divorce entre le progrès technique et le progrès humain. Le progrès technique a pendant longtemps semblé porteur de justice sociale et de liberté. Nous pensons que c'est une illusion et qu'au XXe siècle, on observe un divorce : les outils de la technologie ont facilité le démontage des droits sociaux et des solidarités.

Où en est-on aujourd'hui sur le front de la numérisation de la vie ?

Beaucoup trop loin, horriblement loin. Notre société est complètement informatisée. Aujourd'hui ce qui est confisqué, ce ne sont pas seulement les moyens de subsistance, mais le monde lui-même, l'accès au monde. Dans les grandes villes, il y a un phénomène existentiel : quelque chose n'existe que si je la photographie au moment où je la vis, elle n'a d'importance que si je l'enregistre, la capte et la partage ensuite sur les réseaux sociaux. On consulte son portable de manière compulsive, parfois dès le réveil, à chaque moment de pause que l'on remplit en regardant le flux de nouvelles, de messages ou de jeux…

Comment l'expliquez-vous ?

C'est lié, je pense, à la dynamique du capitalisme. Le phénomène technologique est indissociable de la logique de profit. Notre modèle économique ne peut survivre et avancer que s'il étend la sphère marchande. Il faut donc inventer de nouvelles marchandises. C'est ce que permet le numérique. Aujourd'hui, par exemple, c'est l'attention des gens qui devient monnayable.

Avec le smartphone, nous ne sommes plus les maîtres de notre existence. On sous-traite notre vie, on la délègue à de grandes organisations bureaucratiques et marchandes. Ça touche jusqu'à la sexualité, la reproduction, l'intimité. Ces organisations ont besoin de plus en plus d'informations sur nous. Elles profitent de toutes les traces qu'on laisse sur internet par nos navigations quotidiennes. Mais on observe face à ce phénomène une forme de passivité, et même d'adhésion et de fascination.

Comment délèguerait-on la reproduction ?

À partir de ce qui se passe avec les animaux d'élevage, pour lesquels la biogénétique est très poussée.

Cela s'étend-il à l'être humain ?

Oui, l'ingénierie génétique se développe à travers les programmes de reproduction artificielle auxquels les gens recourent, par détresse, avec l'infertilité qui va galopante et les drames personnels que cela entraîne… Du fait de l'évolution biochimique, et à cause des nuisances et de notre mode de vie – l'absence de temps morts, le stress permanent –, il devient de plus en plus difficile d'avoir des enfants.

On peut aussi penser aux applications qui permettent de se rencontrer et qui touchent à notre intimité comme Meetic ou Tinder.

Oui, elles se développent énormément. Une forme de normalité est en train de s'installer.

Cette délégation de la vie à la technique génère aussi du plaisir, le sentiment d'ubiquité, par exemple. Beaucoup de gens ne la vivent pas comme une dépendance, mais comme le moyen de s'approprier différemment la vie moderne.

Tout à fait. Ce système nous donne l'illusion de gagner du temps. Il nous propose des choses à faire faire plutôt qu'à faire. Mais cela accroît notre dépendance marchande. Avec les technologies numériques, nous ne faisons plus les choses nous-mêmes. Au lieu d'aller chercher son repas, on se fait livrer son apéritif à domicile par un précaire à vélo, en glissant simplement son doigt sur l'écran de son smartphone et en commandant des cacahuètes ou un burger pour la soirée.

On va de plus en plus loin dans une forme de néo-domesticité. Le numérique crée une vision où l'on pense que le monde est à notre disposition, dans sa dimension écologique comme dans le travail des autres.

Quel est l'impact environnemental de ce développement numérique ?

On dit que les jeunes s'engagent, qu'ils sont inquiets face à l'évolution du climat et à l'extinction des espèces. C'est très bien. Mais est-on prêt à regarder en face le fait que le cœur de la catastrophe écologique est en train de devenir le numérique ? Ce développement faramineux des interfaces, des écrans, des appareils et des réseaux ? Derrière le numérique, il y a l'extractivisme et le renouveau de l'industrie minière mondiale. En plus des métaux traditionnels, dont l'exploitation est redoublée, il faut extraire de manière massive et exponentielle des matières nouvelles et des terres rares, le lithium, le tungstène, le germanium… Cette fièvre extractive provoque des catastrophes écologiques en chaîne qui se produisent loin de chez nous.

Quel est le niveau de la consommation énergétique du numérique ?

Aujourd'hui, entre 10 et 15 % de l'électricité consommée dans le monde. Si son expansion se poursuit au rythme d'un doublement tous les quatre ans, le numérique sera en 2030 le secteur consommant le plus d'électricité – à lui seul, l'équivalent de toute l'électricité que l'on utilisait en 2008. On court à l'impasse !

Les énergies renouvelables pourront-elles répondre à ce problème ?

Nous pensons que non. Pour faire des panneaux solaires et de l'éolien, il faut des terres rares. On est dans un cercle vicieux. On ne peut pas continuer à dépenser plus d'énergie. Il faut en dépenser massivement moins. Cela doit s'appliquer autant au trafic aérien qu'à la voiture ou à l'usage de l'ordinateur et d'internet. Un courriel avec une pièce jointe représente une heure de consommation d'une ampoule électrique. On fait attention aux lumières inutilement allumées et on se bat pour limiter l'éclairage public, alors qu'il ne représente que 0,8 % de la consommation d'électricité : il faut être logique et être aussi rigoureux avec la consommation du numérique.

Comment faire, comment sortir de ce monde technologique ?

Le premier enjeu serait d'arrêter son expansion actuelle, d'empêcher par exemple le déploiement de la norme de téléphonie 5G, de montrer qu'il est inutile de vouloir télécharger des films encore plus vite, de vouloir qu'internet fonctionne encore plus rapidement, etc.

Pour y arriver, il faut faire du numérique un thème de combat. Nous sommes peu nombreux à y voir une priorité. Comment agir à partir du moment où ces questions ne paraissent pas politiques ? Au début, on a pris le biais de parler des conséquences sur la vie quotidienne et sur le travail, de la question de l'autonomie matérielle et morale. Il faudrait peut-être maintenant qu'on se concentre sur la question écologique. La bataille pour l'accès au service public est aussi essentielle : il faut se battre pour que l'accès aux allocations familiales, à la SNCF, au logement, pour que toutes les démarches administratives ne passent pas obligatoirement par internet.

Le concept de décroissance recouvre-t-il ce que vous décrivez ?

Oui, ce terme a une pertinence et va s'imposer dans les mois et les années à venir. Le numérique, l'automobile et le trafic aérien sont les premiers secteurs où la décroissance doit s'appliquer. C'est-à-dire où nous devons accepter collectivement que le rayon d'action de nos vies se réduise. Il faut cependant garder en tête, et l'exemple des Gilets jaunes nous l'a montré, que les gens n'ont pas forcément choisi ces évolutions qui obligent à travailler toujours plus loin, prendre sa voiture, communiquer uniquement via les réseaux. Il ne faut pas culpabiliser ni vouloir régler individuellement ces questions, mais les traiter d'un point de vue sociétal. Rendre désirable le changement et aussi rompre avec le mimétisme, où tout le monde essaie de copier le mode de vie des catégories aisées.

Vous parlez de la théorie de la rivalité ostentatoire de Veblen.

Oui, il faudrait arrêter la mécanique ostentatoire et l'imitation des classes privilégiées. Ne plus vouloir que le monde soit à sa disposition. Mais cela ne se décrète pas et, pour l'instant, les groupes qui appellent à ces changements restent minoritaires.

Comment changer un système qui a pour lui l'État, le capital, les médias ?

C'est difficile. Récemment deux éleveurs ont dit qu'ils suspendaient leur refus du puçage électronique de leurs animaux parce que nous étions trop peu nombreux à les soutenir. Contre le puçage électronique, il y a eu des campagnes, on s'est beaucoup mobilisé, on a relié les critiques de l'informatique à la question de la subsistance, mais on a été confronté à un autre problème : les agriculteurs ne comptent plus que pour 1 % de la population, ils sont isolés.

Il n'y a pas de solution miracle. Soit le numérique est identifié comme un enjeu d'importance, soit son expansion continue. C'est d'ailleurs le scénario le plus probable. On risque d'aller encore plus loin dans l'attachement au numérique, dans le transhumanisme et la fusion de l'homme machine.

Quel phénomène pourrait créer une réaction chez les gens ?

Existait-il une stratégie particulière contre le compteur Linky ? Non. L'information a simplement circulé, une conscience s'est développée, un combat a émergé. Pourquoi ? Je ne saurais pas le dire. Par contre, il est certain que la lutte contre Linky a ouvert un espace dans lequel les gens se sont interrogés et ont pu changer de pratique. C'est par la contestation qu'une déprise numérique est possible.

Mais quels sont les points de blocage à une prise de conscience plus large ?

Le poids des habitudes, le fait accompli, la complexité d'imaginer autre chose… Le numérique s'est imposé très vite, en quelques années. Il est paradoxal que la plupart des gens aient passé la majeure partie de leur vie sans cet appareillage et que maintenant ils croient impossible de s'en passer. Ils sont accros et restent chatouilleux dès que l'on en parle. Il va pourtant de soi qu'auparavant, leur existence n'était pas un enfer !

Le mouvement des Gilets jaunes a été assez ambigu sur la question. D'un côté, il a validé l'usage du numérique comme moyen normal de se relier et de s'organiser. Les vidéos et les *lives* se sont multipliés de manière hallucinante. Comme si le fait de filmer cinq heures de manifestations et de les regarder avait un sens. De l'autre côté, ce mouvement est parti des territoires et du manque de services publics dans des régions reculées. Les gens étaient à deux doigts de parler du numérique et de la réorganisation que cette infrastructure avait créée, favorisant des métropoles fortes, *smart*, et abandonnant la pampa derrière.

Dans votre vie quotidienne, comment faites-vous pour être cohérent avec votre critique de la technologie ?

En 1995, quand les premiers téléphones portables sont arrivés – les Bi-Bop –, je m'en moquais, comme tout le monde. Les gens qui en avaient, c'était les hommes d'affaires, les Bernard Tapie. Puis, tout à coup, le téléphone est devenu quelque chose d'indispensable, de *fashion*. Ça a été un renversement soudain. J'ai gardé mon premier avis sur le numérique, sur la perte de contact qu'il implique. J'ai aussi la chance que mon travail n'exige pas d'avoir de téléphone portable. Mais j'ai remis internet chez moi, il devenait trop compliqué d'aller tout le temps chez les voisins. Trop de démarches de la vie pratique se font maintenant par son intermédiaire.

Les gens pensent que l'on prône l'ascèse numérique, mais l'essentiel ne réside pas là. Effectivement, on pense qu'il est possible et désirable de beaucoup moins se servir du smartphone et d'internet. Mais on vit dans ce monde et force est de constater qu'il est difficile d'en sortir individuellement. Par contre, il est important d'en faire un enjeu politique, de lutter contre l'action des entreprises ou de l'État qui rendent cette dépendance au numérique généralisée.

Propos recueillis par Gaspard d'Allens et Hervé Kempf

Pablo Servigne

« Il faut élaborer une politique de l'effondrement »

Chercheur indépendant, essayiste, Pablo Servigne étudie ce qu'il appelle la « collapsologie », détaillée dans *Comment tout peut s'effondrer* (Seuil, 2015), écrit avec Raphaël Stevens.

Reporterre. Vous vous définissez comme chercheur « in-terre-dépendant ». Que voulez-vous dire par là ?

Pablo Servigne. Avec Gauthier Chapelle, on s'est dit in-terre-dépendants parce qu'on dépend les uns des autres, et on dépend de tous les chercheurs qui ont travaillé avant nous et dont on reprend les travaux. Et puis on dépend des « autres qu'humains », les plantes, les champignons, les animaux, la biosphère.

Pourquoi avoir quitté le monde universitaire ?

J'ai fait des études d'ingénieur agronome mais j'étais déçu par l'agronomie classique. J'ai finalement fait un mémoire sur les fourmis, qui m'ont émerveillé et fait entrer dans le domaine de la recherche fondamentale. J'ai alors vu le monde de la recherche changer, devenir trop compétitif à mon goût. J'en suis donc sorti pour faire partager au plus grand nombre ces merveilles que je découvrais, et provoquer des déclics, comme ceux que j'avais eus, dans les imaginaires.

Quels sont les penseurs de l'écologie qui vous ont inspiré ?

Dans l'écologie scientifique, des héros et héroïnes m'ont fasciné. Je dis bien héroïnes parce que, dans la filiation scientifique, on ne parle pas souvent des femmes. Lynn Margulis et Rachel Carson m'ont marqué, en tant que scientifique. Et puis, il y a tous les pères de l'écologie. Edward Wilson est mon héros, parce qu'il est un grand spécialiste des fourmis. Il a popularisé le terme de biodiversité. C'est un des plus grands penseurs scientifiques de l'histoire, un des plus influents. Et puis Richard Lewontin sur la génétique, Richard Dawkins pour ses métaphores incroyables. Théodore Monod, Hubert Reeves, l'écologue François Ramade. Pour le côté politique, dans les femmes, il y a Vandana Shiva. Et puis toute la filiation de la décroissance qui part d'Ivan Illich, de Schumacher, et qui va jusqu'à Serge Latouche et d'autres. Cela m'a bien nourri, en même temps que, durant les années de fac, la Confédération paysanne et José Bové, *Charlie hebdo*, *Le Monde diplomatique*, Attac, les forums sociaux. Tout cela a réuni sciences et politiques, dès que j'ai eu 20 ans.

Quel enfant étiez-vous ?

J'ai grandi dans la ville, mis à part un petit séjour à la campagne, près de Cherbourg, quand je devais avoir entre 2 et 5 ans. J'y ai mes plus beaux souvenirs de contacts avec la nature. Je me souviens d'avoir vu passer un lucane cerf-volant, un des plus gros coléoptères de France, sinon le plus gros. C'était un mâle, et avec mon frère, on est resté fascinés. Mais on est vite revenu en ville, en région parisienne, et il y a eu une déconnexion avec la nature. C'était télé, béton, voiture, Nutella. On avait des phases de respiration parce que ma mère est colombienne. Quand on allait en Colombie, la jungle tropicale et la nature foisonnante m'ont aussi fasciné.

Pendant mon adolescence, je n'étais pas politisé, pas engagé dans le monde. Je ne me souviens pas de Tchernobyl en 1986. Pour moi, c'est un grand *black-out* jusqu'à 20 ans. Puis, je me suis pris le monde dans la figure.

Votre thème de recherche, depuis que vous êtes sorti du monde universitaire, est la « transition ». Que mettez-vous derrière ce mot ?

Maintenant que le mot « transition » a été repris par plein de gens, même par le gouvernement, c'est devenu un fourre-tout terrible. Mais pour moi, le mot est venu d'Angleterre, par Rob Hopkins, le fondateur du mouvement des villes en transition. Il a publié *Le Manuel de transition* en 2008, qui a été traduit en France en 2010. Stratégiquement, Rob Hopkins a choisi le mot le plus neutre possible, le plus plat, le plus gentil, pour que tout le monde puisse se l'approprier. À l'époque, je vivais à Liège dans les milieux de l'éducation populaire, avec un tissu associatif ouvrier, militant, de gauche, féministe, et on a vu débarquer ce mot. On s'est dit : « Comment ça, il n'y a plus de conflits, plus d'inégalités sociales, plus rien ? » En même temps, c'était fascinant parce qu'il parlait d'effondrement, de pic pétrolier, de catastrophe climatique. Donc, c'est ça la transition, un mélange de radicalité sur les catastrophes, de lucidité à pleurer, avec un pragmatisme anglo-saxon qui pousse à l'action. Ce n'est pas un changement progressif de la société, mais la mort de quelque chose et la renaissance d'autre chose. Au milieu, il y a un état de désorganisation radicale.

Pourtant, le mot transition est souvent utilisé pour désigner une transformation continue de la

société, et opposé à l'effondrement, qui implique une rupture…

Ce n'est pas opposé. Ce n'est pas parce qu'on pense des scénarios comme celui de Negawatt sur l'énergie ou d'Afterres 2050 sur l'agriculture, qui donnent un horizon continu et radical de transformation, que l'on doit s'empêcher de penser les discontinuités, les ruptures d'approvisionnement en pétrole, les catastrophes naturelles. Mon travail, depuis le premier livre *Nourrir l'Europe en temps de crise*, consiste à dire qu'il faut des changements progressifs, radicaux, pour nourrir un horizon, mais qu'il faut en même temps penser les discontinuités, apprendre à y réagir politiquement, et surtout, les prévoir.

La notion d'effondrement fait débat dans le monde de l'écologie. Certains disent que l'annoncer dissuade de lutter contre la crise écologique. Qu'en pensez-vous ?

Face au mot effondrement, il y a une diversité de réactions. Il y a des gens qui sont sidérés, dans le déni, qui ne veulent pas voir la catastrophe. Certains disent : « Oui, il y a des catastrophes, mais on pourrait encore les éviter. » D'autres : « Ah, enfin, il y a des catastrophes, maintenant, on passe à l'action. »

Beaucoup de gens dans le milieu de l'écologie m'ont dit : « Arrête avec tes mauvaises nouvelles, cela démobilise. » Cette réaction cache une peur de subir des peines et des souffrances. Ne rester que dans les bonnes nouvelles et le positif, pour moi, c'est bancal. On ne voit pas arriver les choses. Je préfère la posture du catastrophisme éclairé du philosophe Jean-Pierre Dupuy : on va se forcer à voir les mauvaises nouvelles, on va même considérer, alors qu'elles sont incertaines, qu'elles sont certaines, pour pouvoir mieux les éviter. J'appelle cela les « pessimistes plus ».

Il y a aussi les « pessimistes moins », qui disent que tout est foutu. Ils ont deux pieds dans les mauvaises nouvelles et, d'un point de vue éthique, c'est insupportable. Et à l'inverse, il y a les « optimistes moins », les béats : ils ne veulent pas voir les mauvaises nouvelles et vont se prendre un mur parce qu'ils ne regardent pas la réalité en face. Enfin il y a les « optimistes plus », dont on a besoin parce qu'une fois conscients des mauvaises nouvelles, ils passent à l'action.

Donc, dire que l'on peut encore éviter un changement climatique allant au-delà de 2 °C ou 1,5 °C, c'est ne pas se donner les moyens de s'y opposer ?

En fait, il est déjà trop tard pour plein de choses. Limiter le réchauffement climatique à plus 1,5 °C, je n'y crois plus. Plus 2 °C, cela me paraît hyperoptimiste. On pourra même aller à plus 9 °C si on trébuche et qu'on n'avait pas prévu quelque chose. Cela signifierait l'anéantissement de la biosphère.

Pourtant, il faut agir, on en a le devoir éthique. Ce n'est pas parce qu'on a des chances de ne pas arriver à inverser la tendance qu'il ne faut pas se mettre en action.

Je prends la métaphore de la maladie incurable : le médecin vous annonce que vous avez un cancer et que vous n'en avez plus que pour six mois. Comment allez-vous faire pour les vivre le mieux possible ? C'est une question de récit, d'émotions, de cheminement intérieur. Et si vous les vivez bien, avec conscience qu'il y a une fin possible, vous aurez une chance, peut-être, de la repousser, voire de guérir.

Il y a selon vous des effondrements souhaitables. Quels sont-ils ?

Ceux du capitalisme et de la société thermo-industrielle, qui ravagent tout… Après, à chacun de voir en fonction de sa culture politique. Il y a en ce moment des systèmes humains, politiques, qui sont toxiques pour eux-mêmes et pour la vie sur Terre. Cela pose la question stratégique de savoir ce qu'on veut voir s'effondrer, ce qu'on veut ne pas voir s'effondrer, et quand on est plus clair là-dessus, on peut élaborer des stratégies, des alliances, et le début d'une politique de l'effondrement.

Ce que l'on constatait dans *Comment tout peut s'effondrer*, quand une société choisit un système socio-technique, cela verrouille le système d'innovation.

La mondialisation a fait que tout est interconnecté. On est dépendant de la croissance économique, sans laquelle tout le système économique s'effondre. C'est la métaphore de la fusée. Elle est conçue pour accélérer et monter. Si après le décollage, on dit « Arrêtez, stop, ralentissez », elle va s'écraser car elle n'est pas conçue pour cela. Donc les effondrements servent à ça, à de grands déverrouillages. C'est comme une forêt, qui passe par une phase d'incendie, puis renaît.

Depuis la publication de votre livre en 2015, avez-vous observé une évolution dans la perception de cette notion d'effondrement ?

Oui, quelque chose a changé ces derniers mois, peut-être même ces deux dernières années. Je le vois dans les conférences que je donne. Il y a cinq ans, la moitié, voire les trois quarts de la salle étaient sidérés, certains sortaient en pleurant, d'autres étaient en colère. Aujourd'hui, massivement, les gens disent : « Super, enfin on dit les choses, on peut aller de l'avant. » Même des partis politiques et des hauts fonctionnaires en parlent.

Nous serions mieux préparés à l'effondrement ?

Je l'espère. C'est le but, de créer des déclics. L'effondrement est une mise en récit de chiffres catastrophiques qui changent notre manière d'être au monde, de voir l'avenir, de s'organiser, de réfléchir à ce qu'on peut faire.

Dans *L'Entraide, l'autre loi de la jungle*, vous faites un parallèle avec la série états-unienne *Games of Thrones*. La descente des marcheurs blancs peut provoquer l'alliance des familles… C'est le déclic que vous espérez ?

C'est ce qui fait que cette série a un bon scénario. On a envie que les familles s'allient pour lutter contre les menaces globales – d'ailleurs, au passage, c'est inversé : les migrants viennent du nord dans un scénario de refroidissement climatique. Mais elles continuent à se déchirer malgré les deux grands méchants loups qui arrivent. Le héros, John Snow, pourrait faire le lien et unir ces familles. De même, le changement climatique pourrait être une occasion pour faire coopérer tous les pays, ou même l'humanité avec les plantes, les champignons, les animaux.

Voyez-vous des John Snow aujourd'hui ?

François Ruffin ? Il y en a qui, idéologiquement, ne se sont pas vautrés dans la compétitivité, qui arrivent à décloisonner, à aller voir les différentes familles sans se boucher le nez, c'est fort. Car la culture du cloisonnement propre aux structures hiérarchiques pyramidales de nos sociétés pousse structurellement à la compétition. Arriver à aplatir ces hiérarchies est tout l'enjeu de l'anarchisme. C'est très subtil, et c'est vraiment pour moi l'aboutissement de la politique.

Comment on s'organise de la manière la plus horizontale possible pour favoriser l'entraide, la coopération, l'autogestion, et être en lien avec les « autres qu'humains ».

Et pourquoi a-t-on besoin de ces systèmes moins compétitifs ?

Parce que la compétition est devenue toxique. L'ami de Darwin, Thomas Huxley, parlait de la vie comme d'une arène impitoyable où des gladiateurs se battent. Des gladiateurs bien entraînés, bien armés, qui ont envie d'y aller, pendant une heure, cela fait une belle compétition. Mais s'ils sont deux ans dans l'arène, qu'ils n'ont pas d'arme, pas envie d'y aller, cela va être très désagréable. Aujourd'hui, on met des chômeurs, des étudiants, des chefs d'entreprise en compétition. Toute la vie, tu te lèves, tu es en compétition. En plus, on entre en compétition avec les « autres qu'humains ». Tu as un champ, tu es agriculteur, tu vois un scarabée. C'est un compétiteur qui veut manger les mêmes grains et on va le tuer avec des pesticides. Alors qu'on pourrait amener une guêpe, mettre des buissons ou des oiseaux, pratiquer une agriculture de la coopération. L'idée n'est pas d'aller vers un monde Bisounours de coopération totale. Mais il y a une forme de yin et de yang qu'il faut rééquilibrer.

Quel est le rôle de la coopération dans la perspective de l'effondrement ?

On a remarqué que quand on apporte l'idée de l'effondrement ou des catastrophes brutales, la question qui revient est : « Mais, on va tous s'entre-tuer ? » Comme dans un film de zombies, parce que c'est notre imaginaire de penser que si l'État disparaît, on retrouve un état de nature qui est « sauvage », « barbare » et compétitif. On croit que le voisin, s'il n'y a plus de policiers, est un ennemi potentiel qui va nous voler notre nourriture. C'est une prophétie autoréalisatrice car, par anticipation, on se prépare à la violence. Arriver brutalement dans les pénuries avec cette croyance généralisée est une bombe à retardement qu'il faut désamorcer. Or, plus on est dans l'épicentre d'une catastrophe, plus il y a d'actes altruistes, d'entraide et d'auto-organisation. C'est ce que constatent tous les sociologues et les scientifiques des catastrophes.

Après, que ça dure, ce n'est pas sûr. Si la catastrophe dure des mois, des années, la coopération peut se dégrader. C'est pour cela qu'on a écrit *L'Entraide, l'autre loi de la jungle* : pour donner les outils afin de stabiliser les niveaux d'entraide dans un groupe et d'arriver à croire dans notre potentialité sociale. Nous sommes l'espèce la plus sociale du monde vivant. On arrive à coopérer avec des gens qu'on ne connaît pas, qui sont à l'autre bout du monde. C'est unique dans le monde vivant.

Comment s'ouvrir également à une coopération avec les « autres qu'humains » ?

Le social et l'écologique participent du même rapport au monde : prendre soin des autres, de l'équité et de l'interdépendance entre humains ou non-humains. Il y a les humains, notre famille, mais aussi des animaux, des plantes, des champignons, des bactéries qui nous aident à vivre. Sans eux, nous sommes morts. Un arbre dans la forêt, quand il croît, devient très grand et se déploie, il produit un million de graines et nourrit tout l'écosystème. Il est dans l'abondance. Dans la nature, il y a un principe qui veut que tu croisses, et que, quand tu es bien dans ton rôle, tu arrêtes de croître. Chez les humains, c'est la même chose. Tu commences à produire de l'abondance ; tellement d'abondance que, devenu un ancien, tu arrives dans le don. Mais si tu crées des produits qui tuent le reste, des produits qui se terminent par « cide », tu te retrouves tout seul. Et s'il y a un coup de vent, tu meurs. Donc, tu nourris tout le reste parce que tu es en interdépendance.

Alors, comment retrouver cette réciprocité fondamentale ? Il y a plein de pistes. L'une d'elles est d'aller voir les autres cultures. Parce que nous, les Occidentaux modernes – Philippe Descola l'explique très bien –, nous sommes « naturalistes » : autrement dit, nous sommes la seule culture qui parle de « nature », qui a inventé un mot pour désigner les êtres vivants non humains. Les Indiens Jivaros ne le comprennent pas parce qu'ils ne se sentent pas exclus de la nature. Il faut arrêter d'utiliser le mot « nature », conceptuellement, il est toxique.

Vous nous invitez aussi à nous ouvrir à la dimension spirituelle du rapport au vivant...

« Spirituel » est un gros mot en France, mais ce qu'il désigne n'est pas forcément religieux. On peut avoir des spiritualités sans religion, sans structure hiérarchique qui dise quoi penser. Inversement, on peut avoir des religions qui ne sont pas spirituelles. Pour moi, le spirituel, c'est deux choses définies par le philosophe Dominique Bourg. Tout d'abord, c'est un rapport au monde et à ce qui nous est donné. À la naissance, on est complètement vulnérable. Tout nous est donné par maman, papa, l'environnement, la nourriture, les autres qu'humains. Donc, quel est ton rapport avec ce qui t'est donné, ce que tu n'as pas produit ? Es-tu dans la gratitude ? dans le je-m'en-foutisme ? la réciprocité ? Ensuite, c'est ton rapport à l'accomplissement de soi. Que veux-tu raconter à tes petits-enfants sur ton lit de mort quand tu diras : « Voilà, j'ai été ça. » La spiritualité, c'est ce chemin intérieur.

On ne peut pas se passer de cela. On est devenu, en France – par un rejet de tout ce qui est religieux et spirituel, et à juste titre d'ailleurs – maladroit pour ce chemin intérieur. Or une action collective que je dirais extérieure doit passer aussi par une transition intérieure. On ne peut pas avoir juste des « méditants » qui font du yoga toute la journée et des militants qui ne font que de l'action sans s'être posé la question du rapport au monde et à soi. C'est, encore une fois, une entreprise de décloisonnement, de réconciliation pour retrouver tout ce que le capitalisme et la modernité ont desséché : le lien et le sens.

Vous faites le constat de l'effondrement et proposez une voie pour s'y préparer. Comment mettez-vous cela en pratique dans votre vie personnelle ? Vous avez notamment fait le choix d'aller vivre dans la Drôme.

J'ai de jeunes enfants et nous voulions qu'ils grandissent dans le sauvage, au contact des non-humains et d'un rapport plus fort avec les humains. Nous étions en ville, hors-sol, dans un appartement, et les petits étaient émerveillés par les tractopelles, les camions-poubelles, les ambulances… Nous, on voulait voir les renards et les chouettes. En fait, on a remarqué qu'en quittant la ville, on quitte l'anonymat. La ville est une coopération entre plein d'individus anonymes. Mais à la campagne, on retombe dans des modes coopératifs fonctionnant sur la réputation. On voulait aussi apprendre à faire un potager, y prendre un peu d'autonomie pour savoir manger en cas de rupture du système alimentaire. On est assez maladroit mais on commence à y parvenir. Et puis, on est arrivé et les gens nous ont tout de suite spontanément aidés. On est dans la montagne et plus on monte dans les montagnes, plus il y a d'entraide spontanée parce que le milieu est difficile. On retrouve cela dans le monde vivant : plus le milieu connaît la pénurie, plus l'entraide prend de l'importance. Tu y es obligé, sinon tu meurs.

Dans vos conférences, j'imagine que les gens vous demandent toujours : « Qu'est-ce qu'on peut faire ? » Que leur répondez-vous ?

Que je ne sais pas trop. Nous, on donne des outils conceptuels, pour que les gens déploient leur imagination et leur « que faire » selon leurs sensibilités. Après, dans la vie de tous les jours, une des clés pour nous a été de dépenser moins pour pouvoir travailler moins et nous libérer du temps. Aujourd'hui, on a un habitat léger, pas de loyer, pas de prêt à la banque, on n'a plus de crèche, les enfants sont à l'école. On n'a plus de choses à payer tous les mois et ça nous a fait un bien fou. Petit à petit, on est arrivé à une sorte de dépouillement qui nous rend plus vulnérables. On a moins de puissance d'action, mais, en même temps, il y a des relations de réciprocité plus faciles. C'est mon parcours, je ne dis pas que tout le monde doit le suivre.

Vous avez des enfants, tout en annonçant l'effondrement. N'avez-vous pas peur du monde que vous allez leur laisser ?

J'ai un peu peur, mais pas seulement. Je suis aussi triste. J'ai de la joie, de la colère. Avec Gauthier Chapelle et Raphaël Stevens, on a eu tous les trois des enfants après avoir fait ces constats sur l'effondrement. Cela participe d'un élan vital, c'est le même élan qui m'empêche de me suicider. J'ai envie de vivre la suite, de trouver ma mission de vie, à quoi je sers, qui je veux être, comment relier les gens pour éprouver moins de souffrance… Peut-être que ce n'est pas la solution de faire des enfants. Moi, ça m'a nourri dans mon parcours. Ça m'a ancré, m'a amené vers le sauvage, vers les émotions. Ça m'a fait sortir la colère et ils savent bien appuyer sur le bouton colère. Ça m'a aidé à trouver une posture pour les tempêtes, les catastrophes et l'effondrement.

Lors d'un précédent entretien avec *Reporterre*, vous aviez dit que les enfants seraient mieux préparés que nous. Le pensez-vous toujours ?

Oui, et je remarque ça dans le public aussi. C'est intéressant de voir qu'il y a des différences de réception du message en fonction des âges. Par exemple, chez les vieux, je vois beaucoup de cynisme, de « Je serai mort dans dix ans, donc je m'en fous ». Cette posture, on l'a très rarement chez les femmes ou les hommes qui ont un bébé. Ils ne peuvent pas se le permettre, ils sont dans un élan de vie. Et chez les encore plus jeunes, les ados, les enfants, il y a une plasticité. Ils sont nés dans l'effondrement. C'est leur normalité, depuis la naissance, on leur a dit que les oiseaux et les abeilles mouraient en masse. Donc, ils peuvent se mettre en mouvement plus facilement que les vieux écolos qui sont déjà avertis depuis soixante ans, mais sont usés, cristallisés, un peu durcis.

Propos recueillis par Marie Astier
et Alexandre-Reza Kokabi

Claire Nouvian

« Les élites mentent »

Claire Nouvian a fondé l'association Bloom de préservation des océans, et elle est impliquée dans Place publique, mouvement qu'elle a quitté en 2019. Elle livre ici ses interrogations : comment changer la société pour répondre au péril écologique ? Comment articuler les formes d'engagement ? Que faire face au fascisme possible ?

Reporterre. D'où vient votre intérêt pour l'écologie ?

Claire Nouvian. J'ai grandi en Algérie, où l'on passait nos week-ends à la plage, à pêcher, à jouer avec les animaux marins. L'hiver, on partait dans le désert chercher des fossiles et guetter les scorpions. Au contact de la nature, j'ai développé une curiosité intellectuelle pour le vivant. Aujourd'hui, les enfants qui vivent en ville sont effrayés par des mouches… c'est dingue !

Dans les années 1990, je suis partie avec mon mari en Argentine, où j'ai découvert la « grande nature » : les toucans, les condors, les baleines. Quelle émotion !

C'est ce qui a forgé mon envie de faire du documentaire scientifique et animalier.

Quelles sont les sources de votre engagement ?

Ma conscience écologique et scientifique s'est formée au contact des chercheurs rencontrés lors de mes documentaires. Ma prise de conscience est montée comme le niveau de l'eau actuellement : petit à petit, mais très sûrement. Pas seulement sur le changement climatique et la pollution, mais surtout sur la destruction des habitats. Quand on travaille en Afrique, c'est vraiment tangible.

Ma rencontre avec Pilai Poonswad a été un vrai moment de bascule. Cette femme, ornithologue et biologiste thaïlandaise, a reçu une récompense Rolex pour son travail de préservation des calaos. Ces magnifiques oiseaux sont en train de disparaître rapidement, parce qu'ils sont très braconnés. Des collectionneurs sordides veulent leur casque comme trophée. C'est grâce, entre autres, au travail inlassable de cette femme que ces oiseaux existent toujours.

En 2004, vous avez laissé tomber la caméra pour créer l'association Bloom. La posture d'observatrice ne vous suffisait-elle plus ?

Mon métier de communication me convenait très bien… jusqu'à ce que je découvre les grandes profondeurs de l'océan, et l'ampleur de leur destruction, lors d'un documentaire pour France 2. Quand j'ai compris les menaces qui pesaient sur ces fonds marins, personne n'y prêtait attention. Des gens s'occupaient de la préservation de la forêt en Thaïlande, des gibbons en Malaisie, de la savane en Afrique, mais sur les océans profonds, il n'y avait rien. C'est ce qui m'a décidée à me lancer.

Comment vivez-vous le délitement de la biodiversité ?

Quand on a la vision de l'ensemble des effondrements de la biodiversité, du climat, de notre projet de société… c'est désespérant. Les scientifiques sont en première ligne. Tous ceux que je connais sont angoissés. Ils vivent une sorte de syndrome pré-traumatique, lié à leur connaissance de la situation. À l'inverse du stress post-traumatique, propre aux personnes ayant déjà vécu un événement grave, eux vivent dans l'angoisse de ce qui va advenir.

Quand j'ai découvert, dans un article scientifique, ce stress pré-traumatique, ça m'a fait le même effet que quand j'ai lu Kant pour la première fois. Cette sensation de rencontrer quelque chose qui décrit exactement ton état. À 17 ans, quand j'ai lu les *Fondements de la métaphysique des mœurs*, je me suis rendu compte que toute ma colonne vertébrale morale avait été théorisée par Kant.

En quoi Kant vous a-t-il influencée ?

Je vis avec un impératif catégorique sur la vérité. Thomas Porcher dit de moi que je suis rugueuse. Par rapport à des gens de culture latine, avec un rapport plus élastique à la vérité, je suis germanique, au sens caricatural : je ne rigole pas du tout avec le mensonge. Avec l'avènement de la société industrielle et du marketing, on est entré dans l'ère du mensonge permanent et institutionnalisé. Les élites, économiques comme politiques, mentent.

Une société qui est fondée sur le mensonge voit son langage détruit. On ne sait plus ce que les mots veulent dire, puisqu'ils expriment l'inverse de ce qu'ils sont supposés signifier. Macron utilise des mots comme « bienveillance » ou « société civile ». Il a poussé l'exercice du mensonge sémantique tellement loin qu'on ne peut plus le supporter, ça en devient épidermique.

Qu'entendez-vous par « effondrement de notre projet de société » ?

À la sortie de la guerre, on avait une visée progressiste, mais la croissance des inégalités montre que nous avons eu tout faux. En très peu de temps, on a réussi à faire complètement fausse route.

Dans *Notre mal vient de plus loin*, un petit livre sorti juste après les attentats du 13 novembre 2015, Alain Badiou écrit que le rêve d'une narration alternative au libéralisme capitaliste s'est effondré avec la chute du mur de Berlin. Dès lors, une seule possibilité se présentait à nous : un repli sur l'individualisme. L'individualisme est apparu comme la seule valeur sûre : un individu ne va jamais trahir sa propre entité physique. On pourrait donc lui faire confiance pour trouver un équilibre bon pour lui et donc pour tous.

La destruction de nos idéaux collectifs s'est ainsi accélérée. L'échec du communisme nous a retiré la possibilité d'avoir un rêve alternatif. Il s'agit donc, désormais, de réinventer un autre discours, une autre narration, fondé sur la mutualisation, sur la conscience, sur la valorisation des liens plutôt que des biens, sur la liberté aussi.

Comment construire cet autre discours ?

Notre génération peut s'y atteler, parce que nous sommes détachés de l'héritage du communisme. Nos parents étaient socialisés dans ces appareils, le Parti communiste structurait la vie sociale et familiale des ouvriers. Ils ont donc eu une résistance psychologique à faire le bilan du communisme, avec ses côtés sombres. Nous, nous avons fait le bilan, et nous pouvons passer à autre chose. Tout réinventer.

Il n'empêche que, si notre rêve n'est pas communiste, il doit être communautaire au sens large. On doit faire communauté. Parce qu'aujourd'hui on voit que l'individualisme est l'un des pires aspects du libéralisme économique hyper-financiarisé et dérégulé. On voit à quel point le libéralisme est une menace pour la société et pour la planète.

Ce rêve alternatif, quels en sont les germes aujourd'hui ?

Ils sont éparpillés. On a d'un côté la macronie et tout ce qu'il y a à sa droite. Prônant le libéralisme économique et une croyance en l'entreprise comme vecteur d'emploi, en la croissance comme remède et en la gestion privée comme garantie indépassable de l'efficacité. On a également le souverainisme populiste, qui prône un repli sur les frontières, qui érige le « localisme » en valeur refuge et en talisman magique à tous nos problèmes.

Entre le libéralisme économique dérégulé et le populisme souverainiste nationaliste, il existe un espace occupé par une famille aux valeurs écologistes, humanistes, solidaires… mais qui est éparpillée dans des chapelles qui se font la guerre.

Que risquons-nous si cette famille de valeurs reste éparpillée ?

Que la droite achève de détruire tout ce qui a fondé les bases du rêve collectif de solidarité de la société française en démantelant, les unes après les autres, toutes les réalisations du Conseil national de la résistance. L'agressivité des politiques libérales de la droite macroniste alimente la croissance des inégalités et le ressentiment de tous, sauf des classes aisées. Macron agit comme un engrais à extrême droite. Le péril fasciste se précise : en France, le RN a remporté la majorité des votes aux élections européennes. Le pire devient possible. La trahison violente des élites, avec une réalité de l'évasion fiscale qui dépasse la fiction, constitue le terreau de cette évolution.

Il suffit à l'extrême droite de récupérer le rejet des élites, le « dégagisme » des élus, et de mettre là-dessus un discours de haine et de peur qui appuie sur ce qui est le plus « huilé » dans le cerveau archaïque de l'homme : la peur. C'est un réflexe ancestral qui a garanti notre survie pendant des dizaines de milliers d'années. La commande « peur de l'autre, peur de l'étranger » emprunte une autoroute dans le cerveau. Cette distorsion de la réalité offre sur un plateau la formule magique des manipulations de masse depuis la nuit des temps : des boucs émissaires. On voit le résultat dans les urnes. Se battre contre cela n'est pas simple. Convaincre que seules la coopération et la solidarité peuvent assurer la survie de notre espèce face aux périls que nous avons créés, quand le capitalisme et tout l'écosystème médiatique et culturel encouragent la compétition, ce n'est pas gagné non plus…

Vous avez co-fondé en 2018 Place publique, pour tenter de rassembler la gauche éparpillée et

réinventer la politique. Vous avez quitté le mouvement en septembre 2019. Pourquoi ?

Parce que je n'ai plus confiance dans une grande partie des fondateurs du mouvement. La promesse initiale, qui m'a convaincue de m'engager, visait à changer tant les politiques publiques que les pratiques politiques. Sur les politiques publiques, notre programme était fidèle à la promesse, mais pas les pratiques en interne : nous n'avons pas échappé aux petites manœuvres, aux mensonges, au nombrilisme stérile et démotivant de ceux qui s'engagent en politique pour se créer une rente ou pour exister. Certaines personnes ont mis toute leur énergie disponible au service d'eux-mêmes et non du projet, mais la toxicité de leurs agissements n'a pas été jugulée, et ce manque d'exemplarité des principaux fondateurs a découragé beaucoup de monde.

Quel bilan tirez-vous de votre passage à Place publique ?

Cette expérience m'a désespérée sur la nature humaine et sur notre capacité à reprendre en main notre destin politique. J'étais déjà désespérée avant de rejoindre Place publique, mais en raison de l'avenir que nous avons en partage et de l'incapacité de notre famille de valeurs à nous faire une proposition unitaire, responsable, correspondant à nos aspirations citoyennes. C'est pour lutter contre cette fatalité que j'avais franchi le pas de la politique. Je voulais tout essayer pour pouvoir regarder ma fille dans les yeux quand elle me demandera un jour, fatalement, ce que j'ai fait pour ne pas laisser notre monde aux mains des destructeurs de justice sociale et des équilibres écologiques fondamentaux. Après cette expérience, je me sens, je me *sais* totalement impuissante et dépourvue de recours quand je vois que, même ceux qui prônent haut et fort nos valeurs, s'intéressent à leur image plus qu'à leur impact réel. Ils sont tout sauf des exemples en matière de comportement humain, d'empathie, de respect, de courage. Nous n'avions pas le droit de créer autant d'espoir et d'être si décevants ; la politique a besoin de combattants, pas de beaux parleurs. Mais les qualités requises pour « réussir » en politique sont exactement inverses de celles qu'il faut pour assurer l'exercice altruiste d'une fonction politique. C'est le serpent qui se mord la queue depuis l'Antiquité et l'invention de la démocratie. L'expérience de Place publique m'a laissé de l'inquiétude et de l'angoisse. C'est pourquoi je ressens un besoin essentiel de reprendre contact avec ceux qui luttent pour un idéal.

Comment faire de la politique différemment ?

Les appareils politiques actuels sont condamnés. Il faudrait inventer des formes politiques complètement nouvelles. Jusqu'à présent, on a été d'une grande immaturité dans notre rapport consumériste à la démocratie. Dès l'instant où l'on a voté, on se dit que c'est à l'élu de représenter nos intérêts, et qu'on peut tourner le dos aux affaires publiques, s'occuper de notre bien-être plutôt que du collectif. C'est tout notre rapport au politique, à l'autre et à nous-mêmes qu'il faut repenser pour devenir des citoyens mûrs et responsables.

Il faudrait construire un mouvement de masse, radicalement démocratique. Nous n'avons pas réussi à le faire à Place publique. Mais aucun autre parti n'a réussi et peut-être que ceux qui demeurent à Place publique y parviendront, je leur souhaite. Les partis les moins démocratiques sont la République en marche (LREM) et la France insoumise (FI). LREM a prôné la consultation citoyenne, l'établissement d'un programme à partir des citoyens, mais la méthode Macron a été de créer un écran de fumée épais et efficace entre des discours bien ficelés et une réalité très différente. Depuis, l'écran de fumée s'est dissipé et le réel visage de ce parti et de son chef est apparu.

Comment faire bouger les choses, si ce n'est pas par les partis politiques ?

Il faudrait prendre le pouvoir pour le réinventer, mais les modalités de la démocratie induisent un régime de compétition, de séduction et une dérive des égos, accentuée par la pression médiatique qui se focalise sur les individus et contribue à l'inflation des vanités.

Il faudrait inventer d'autres modalités démocratiques. Un mouvement de masse pourrait peut-être changer les choses, mais il lui faudrait la légitimité d'un élan très large, comme une vague populaire, qui soit radicalement démocratique, fondé sur la justice et l'humanisme, or un élan ne se décrète pas. On aimerait voir cela se produire, mais ce n'est pas le plus probable, c'est pour cela qu'il est indispensable à toutes les formations politiques à gauche de Macron de dépasser leurs divergences pour proposer une seule offre politique. En vue de 2022 ou après, l'autre option serait la modalité classique de l'homme ou de la femme providentiel·le qui rassemble derrière lui ou elle. Lorsque les temps sont troubles et incertains, cela crée les conditions d'émergence d'une personne hors du commun, mais il faut espérer qu'elle soit lumineuse et exemplaire, radicale et non violente… Les personnalités extraordinaires qu'on aurait envie de suivre aujourd'hui sont bien souvent des lanceurs d'alerte, des activistes, mais ils sont surveillés, réprimés, voire torturés et tués dans certains pays, y compris européens.

Face à cette répression, la non-violence est-elle encore possible ?

Elle est nécessaire. À utiliser les armes de l'ennemi pour le combattre, on perd son âme et même le bien-fondé de sa lutte. Le recours à la violence délégitimise l'idéal au nom duquel les gens se battent. Mais une fois la répression enclenchée, quel choix les opprimés ont-ils ? Vu la disparité des moyens entre dominants et dominés et la Cocotte-Minute sur laquelle on est assis, on va sans doute en passer par beaucoup plus de violence. Les gens sont acculés, désespérés pour beaucoup d'entre eux, ils n'ont plus rien à perdre. Quand les perspectives ne promettent plus qu'une dégradation des conditions de vie, le couvercle saute. Même les habitants de Hong Kong se politisent et se radicalisent, c'est dire…

Aujourd'hui, le mouvement écologiste s'incarne davantage dans des associations ou dans des collectifs que dans des partis. Faut-il chercher d'autres modes d'action que la politique institutionnelle ?

Il n'existe pas de modalité d'action plus efficace qu'une autre pour modifier ou réinventer le monde. C'est la complémentarité des outils et des modes d'action qui contribue au basculement de nos représentations mentales et *in fine* de la réalité de notre société. Le succès des campagnes de Bloom vient de la conjonction des actions médiatiques, de plaidoyer, de sensibilisation, de recherche scientifique.

Chaque jour, des centaines d'amendements passent devant des parlements, européen ou nationaux, plus ou moins toxiques pour le collectif, pour la sauvegarde des écosystèmes. Il est difficile d'agir sur l'exécutif en tant qu'association environnementale lorsque l'État est aux mains des ennemis de la nature, mais les parlements conservent un pouvoir énorme, même dans un régime parlementaire faible comme en France. Or, les deux doctrines politiques dominantes en Europe sont la dérégulation libérale et le conservatisme. Deux logiques économiques qui mènent à la destruction des hommes et de la planète. On ne peut pas laisser faire ça. Négliger la puissance des politiques publiques et laisser le pouvoir de façonner le monde à une minorité sans garde-fou serait ultra-dangereux, inconscient même.

Après Bloom et Place publique, comment souhaitez-vous désormais vous engager ?

Je n'ai pas encore de réponse à cette question. La politique partisane est à la fois violente et inintéressante, une conjonction qui rend difficile la mobilisation politique à long terme. Ma conclusion est que les partis transforment : l'expérience quotidienne de la défiance et des jeux de pouvoir internes façonne notre psyché, notre éthique, notre comportement pour les rendre pires qu'ils n'étaient. Or on a besoin d'expériences collectives qui nous grandissent intellectuellement et humainement, pas qui nous rabaissent. Les ONG, c'est puissant et épuisant. Bloom est une structure mûre qui poursuit une mission très claire de façon déterminée. Je reste impliquée mais ils n'ont plus autant besoin de moi. Que reste-t-il ? Ce qu'on a de plus important à faire sans doute : cultiver la conscience et la connaissance. Dénoncer, révéler, interpeller, transmettre. Encourager les différentes formes de dissidence, leur donner de la visibilité pour les protéger. Pour être en cohérence avec mon idéalisme, il reste le journalisme ou l'activisme. Il y a peut-être moyen de faire converger les deux.

Comment conjuguer écologie et justice sociale ?

Sans justice sociale, aucune politique ne marchera. La macronie tente, en vain, de faire passer des mesures présentées comme sociales, après avoir fait sauter l'impôt sur la fortune, fait passer la Flat Tax et baissé la contribution des entreprises de 33 à 25 %. En commençant le quinquennat ainsi, tous les discours qui viennent ensuite sur la lutte contre la pauvreté sont inaudibles.

Grâce au travail de Thomas Piketty, on sait qu'aujourd'hui les fortunes proviennent aux trois quarts du capital qui est transmis, alors que c'était 40 % il y a cinquante ans. Connaître ces chiffres de l'inégalité change notre compréhension du monde. De même que le travail réalisé par le consortium international de journalistes d'investigation sur l'évasion fiscale nous a permis de connaître l'ampleur de la restriction du partage des richesses.

La justice est la colonne vertébrale de toute communauté. Elle permet de faire société, d'avoir une vision commune. La justice sociale, écologique, climatique, fiscale, économique est un impératif. Pourquoi certains territoires seraient-ils privés de services publics ? Pourquoi investir plusieurs milliards d'euros pour accélérer un TGV sur une ligne déjà ultrarapide et démanteler quotidiennement des lignes secondaires ? Macron s'est présenté comme le rempart contre le Front national. Il a été élu comme tel, mais il a pensé qu'on lui avait donné un mandat ultralibéral pour faire du Margaret Thatcher avec trente ans de retard. Il a tout faux.

Au quotidien, comment mettez-vous en cohérence vos convictions avec vos actes ?

Il faut à la fois combiner l'exigence et le pardon vis-à-vis de soi-même. Mon exigence est de ne pas être dans un consumérisme débile. C'est une lutte quotidienne avec les enfants, qui reviennent de l'école en ayant envie d'acheter des tas de cochonneries *made in China*. Et même si nous avons les moyens de prendre l'avion à toutes les vacances, on ne le fait que rarement. Un beau voyage, une fois de temps en temps. L'exigence climatique se retrouve aussi dans notre hygiène quotidienne, avec une consommation ultramodérée de viande rouge.

Vous avez notamment grandi à Hong Kong, dans un milieu aisé. Faut-il encore attendre des riches qu'ils cessent de détruire la planète ?

Il y a un vrai problème avec nos riches, mis en lumière par le scandale de l'évasion fiscale. Mais il faut leur donner de l'espace pour se racheter. Mon appel aux riches, c'est d'être plus généreux, d'être fiers de contribuer à un projet social par l'impôt, sans faire des combines infernales avec des niches fiscales.

Quand on est riche, on a un niveau d'éducation supérieur à la moyenne. Ceci oblige à plus de responsabilité morale, de générosité, de largesse d'esprit. Le corps social bourgeois me déçoit parce qu'il se regarde le nombril et ne voit pas plus loin que les écoles de commerce de ses enfants et leurs stages dans des banques à New York. Avoir le ventre bien rempli ne doit pas empêcher de réfléchir ! C'est impardonnable.

Vous avez évoqué les enfants, et vous avez une fille. Comment vivez-vous cette parentalité à l'heure où l'on parle d'effondrement ?

Je flippe. Quel monde leur laisse-t-on ? Avoir des enfants oblige à l'action. C'est la plus grande des responsabilités car elle implique de s'assurer qu'on leur laisse un monde vivable. C'est pour être disponible pour ma fille que je ne veux pas de mandat. Si on aime et on structure nos enfants, le monde peut devenir empathique et juste.

Vous vous donnez énormément. Vos nuits et vos week-ends doivent être courts. Qu'est-ce qui vous fait tenir ?

Notre cerveau a le pouvoir de nous transformer. Autrement dit, nous pouvons changer notre vision du monde, notre rapport aux autres, au fur et à mesure des lectures, des rencontres… Et si on peut tout transformer, on peut tout surmonter. C'est fou ! Mais il faut se battre. La clé, c'est la persévérance.

Propos recueillis par Alexandre-Reza Kokabi et Lorène Lavocat

Angélique Huguin

« Je continue de lutter parce que c'est une manière de rester debout »

Angélique Huguin est administratrice du réseau Sortir du nucléaire. Opposée au projet d'enfouissement de déchets nucléaires à Bure, dans la Meuse, elle fait partie des militants mis en examen depuis 2018 pour « groupement formé en vue de la préparation de délits punis de cinq ans d'emprisonnement ».

Reporterre. Où avez-vous grandi ?

Angélique Huguin. J'ai grandi en Meuse, dans un petit village à côté de Verdun. Celle-ci, pour moi, était la « grande ville ». Ma mère était employée et mon père ouvrier. J'ai fait une scolarité assez médiocre. J'étais déjà rebelle, révoltée contre la hiérarchie, que je trouvais imbécile.

Y avait-il une tradition militante familiale ?

Non. Mon père était magasinier chez Renault, issu d'une famille ouvrière de six enfants, vivant dans la pauvreté. Il avait été fan de Mitterrand, puis déçu du mitterrandisme, ne sachant plus quoi voter ensuite. Il me parlait beaucoup : des infos, de la guerre, de géopolitique. Ma mère était d'une famille très catholique, de classe moyenne basse. Mes parents n'étaient pas militants, mais ils avaient des valeurs très fortes : la solidarité, la fraternité, la liberté, l'égalité. Et l'Éducation nationale nous a aussi fait croire à ces valeurs-là, dans le pays des droits de l'Homme. J'ai été élevée dans cette image démocratique et j'y ai cru.

Comment se sont passées les études ?

L'adolescence n'a pas été simple, avec une situation familiale compliquée. J'étais en rébellion contre l'Éducation nationale et j'ai fini par ne pas passer le bac. Je me suis dirigée vers le métier d'aide-soignante, que j'ai exercé pendant dix ans. À l'heure actuelle, je n'ai toujours pas le bac, ce qui fait de moi un ovni dans les luttes dans lesquelles je navigue.

Comme aide-soignante, j'étais le mouton noir : je ne militais pas pour mon salaire, je faisais des heures supplémentaires à m'en gaver, car j'étais là avant tout pour les gens malades. Mais je me suis rebellée contre le système qui instaure trop souvent des privilèges au sein de l'hôpital. Cela m'énervait déjà, alors que je n'étais pas « politisée », je n'avais pas mis de mots sur tout ce que je ressentais.

Comment est venue votre conscientisation politique ?

J'ai vécu ce moment à l'hôpital où l'on s'est mis à ne plus utiliser les mots de la santé et du social, mais ceux de l'économie. Quand je faisais la commande des couches, on me disait le prix que ça coûte, on me rappelait que c'est trois couches maximum par jour et par patient et, parallèlement, on nous expliquait qu'il faut les changer régulièrement pour éviter les escarres. Ces injonctions paradoxales me révoltaient. Je me suis confrontée à cette vision de l'hôpital, je ne pouvais plus faire le métier d'aide-soignante, j'avais l'impression de mourir à l'intérieur, j'ai fait un *burn-out*.

Donc j'ai entrepris des études de psychologie à Strasbourg en 2004. J'ai pris mon fils sous le bras car j'étais mère célibataire. Je bossais, je m'occupais de mon gamin, dormais trois ou quatre heures par nuit, et j'ai réussi ma première année, ce qui était énorme pour moi ! Là, deux choses m'ont amenée à devenir militante. D'abord, le fait que je n'étais financée que pour deux années d'étude : la troisième année, j'allais me retrouver sans argent. Ma famille n'avait pas les moyens de m'aider. Je suis allée voir ma banquière, mon assistante sociale, ma chef de service de l'hôpital. Elles m'ont toutes dit : « On ne trouve pas de solution pour vous, vous n'avez pas un petit copain ? » Ma colère a commencé là.

Depuis dix ans, j'étais entrée dans le moule : j'avais été élue municipale de mon petit village, aidé ma grand-mère jusqu'au bout, super bien fait mon métier, élevé mon gamin comme dans les magazines, tout en prenant soin de moi et en ayant une vie sociale. Je reprenais des études et réorientais ma carrière comme on me le conseillait. Et cette société n'était pas capable de m'aider financièrement pour poursuivre !

Et puis, en 2006, lors de ma deuxième année d'études, a eu lieu le mouvement contre le CPE [contrat première embauche]. Un jour où je regardais les infos, mon gamin est passé devant moi sur l'écran et je me suis dit qu'à cette allure, le Code du travail serait complètement détricoté quand il serait adulte. Alors je suis allée écouter ce qui se racontait à la fac occupée, dans une assemblée générale. Je me suis dit : « Waouh, il y a des gens qui pensent comme moi ! »

Qu'est-ce qui vous a touchée dans ce discours ?

Ils parlaient d'injustices. Or, déjà à l'hôpital je trouvais qu'il n'était pas normal que le médecin soit payé plus que l'aide-soignante, parce que, sans aide-soignante, le médecin n'existe pas. Je me suis rendu compte que j'avais une conscience de classe, que la classe ouvrière de mes parents m'habitait.

À Strasbourg, je ne supportais pas de voir des mamans faire la manche devant le magasin où j'allais acheter des yaourts pour mon fils avec mon RSA.

Pourquoi, si on se base vraiment sur les principes fondateurs de la République, le monde n'arrive-t-il pas à mieux tourner ?

Le fait de venir d'un petit village de Meuse a-t-il aussi joué ? Vous n'êtes pas de la « bonne famille », mais aussi peut-être pas du « bon territoire ».

Tout à fait. À Strasbourg, trouver des cours de musique pour son enfant est relativement facile, parce que la ville développe une politique d'aide aux plus pauvres. En Meuse, il n'y a pas cela et c'est inabordable pour les ouvriers. Par ailleurs, j'ai beaucoup été élevée par mon arrière-grand-mère – qui a vécu les deux guerres en Meuse, un territoire occupé.

En quoi le fait de venir de Meuse et de Verdun a-t-il eu un impact sur votre parcours ?

D'abord dans le rapport à la nature, qui pour moi est rural. On allait aux affouages[1] avec mon père. On faisait du jardinage, on se promenait dans la forêt, on jouait à la rivière. C'était un lien constant à la nature, dont on ne se rendait pas compte.

Mais il y a aussi le côté Verdun. J'ai grandi à côté des lignes de croix blanches, j'allais lire l'âge que

1. Les affouages sont le droit qu'ont les habitants d'une commune d'aller couper du bois de chauffage dans la forêt communale.

les soldats pouvaient avoir lors de leur mort. Mon arrière-grand-mère, alors que j'avais 7 ou 8 ans, m'a emmenée à Douaumont, le champ de bataille près de Verdun : les villages ont été rasés [une forêt a repoussé] et il y a un ossuaire, une tombe avec tous les os des soldats non identifiés. Je lui ai demandé à qui étaient ces os, si c'étaient ceux des Français ou des Allemands. Elle m'a répondu que c'était mélangé. C'est là que j'ai compris l'absurdité de la guerre.

À partir du mouvement contre le CPE, qu'avez-vous fait ?

Je n'ai pratiquement plus fait que militer. Pour le CPE, j'ai étudié l'ensemble de la loi. Puis lors du contre-sommet de l'Otan, à Strasbourg en 2009, j'ai participé à l'organisation de la *legal team* [équipe de soutien juridique]. Ensuite, je suis partie vivre en Allemagne où j'ai rencontré le mouvement antifasciste allemand, qui est aussi antinucléaire et écologiste. En Allemagne, j'ai rejoint un projet de vie alternatif en pleine nature, où j'ai fait de l'apiculture. J'avais vraiment envie de faire un métier en contact avec la nature. Mais au bout d'un an, pour des raisons familiales, je suis retournée en Meuse.

Là, j'ai repris des études en apiculture. Mais le lieu de formation était l'antre de l'apiculture intensive ! Je suis allée jusqu'au bout, malgré tout. J'ai fait un mémoire sur l'apiculture écologique et le jury m'a dit : « On n'a jamais vu un mémoire aussi fouillé, mais pour bien faire, il faut traiter ses ruches et produire beaucoup de kilos de miel. » Chaque fois que j'essaie de répondre aux prescriptions sociales, aux injonctions dominantes, je bute contre l'absurdité !

Comment en êtes-vous arrivée à militer contre le nucléaire ?

J'avais entendu parler de la lutte contre la poubelle nucléaire de Bure[1], mais je ne voulais pas m'y intéresser. C'était trop près de chez moi. Je ne voulais pas recommencer à militer, puisque depuis mon retour en Meuse j'essayais de construire un projet de vie moins centré sur une activité militante. Je suis juste allée à un festival, j'y ai rencontré des militants de Bure Stop !, ils m'ont invitée à une réunion, en 2012. J'y suis allée et j'ai été cooptée dans le conseil d'administration. Mais je ne voulais pas mettre le doigt dans l'engrenage d'une lutte, surtout celle-ci, car lutter contre le nucléaire, ça prend aux tripes et surtout ça prend du temps. Je voulais me concentrer sur ma vie personnelle. J'ai repris un travail, précaire, dans un centre social. Mais je me rendais compte encore une fois que je cautionnais un système problématique, où l'on explique à des pauvres qui vivent dans des

1. Le gouvernement veut construire un immense dépôt souterrain de déchets nucléaires à Bure, dans la Meuse, sous le nom de projet Cigéo. Lire *Bure, la bataille du nucléaire*, de Gaspard d'Allens et Andrea Fuori, Seuil-Reporterre, 2017.

logements hyper mal isolés, avec des chauffages électriques, qu'il faut mettre des ampoules à économie d'énergie ! Je suis allée au terme de ce contrat de deux ans, puis je me suis dit qu'il fallait que j'arrête de travailler dans le monde salarié pour être à mon propre compte.

En parallèle, je rencontrais de plus en plus de personnes qui luttent contre le nucléaire, je suis allée de plus en plus souvent à des événements autour de Bure, j'ai commencé à reprendre un rythme militant régulier. J'ai aidé un peu à l'organisation le jour du festival des 200 000 Pas à Bure en 2016, et le lendemain, l'occupation du bois Lejuc, à côté de Bure, commençait. C'est là que je me suis vraiment retrouvée plus souvent à Bure.

Quelle est la place du nucléaire dans les luttes écologistes ?

Après Mai 68 et durant la période de construction des centrales, le nucléaire avait une grande place dans le mouvement écologiste. Aujourd'hui, l'évidence qu'être écologiste c'est être antinucléaire s'est étiolée. Il y a des gens pour qui cela paraît même étrange d'être contre le nucléaire et de vouloir sauver le climat, car le nucléaire est présenté – à tort – comme « propre ».

Or, si le climat se dérègle, c'est bien parce que ce monde est industriel, parce qu'il y a des inégalités, parce qu'une partie de l'humanité pille les ressources de la planète. Ce monde-là, c'est aussi celui du nucléaire. Je ne vais pas choisir entre la peste et le choléra, entre le nucléaire et le climat. Mais, pour la nouvelle génération de militants pour le climat, le combat antinucléaire n'est pas une évidence. Eux voient l'urgence climatique. Les extrêmes dangers du nucléaire sont invisibles.

Pourquoi est-il important de lutter contre le nucléaire ?

Il y a quelques années, j'aurais dit que c'est parce que j'avais 12 ans quand le nuage de Tchernobyl est passé au-dessus de mon jardin, et que depuis j'ai des problèmes de peau et de thyroïde. Le nucléaire me semble dangereux. Mais il n'y a pas que ça. Le nucléaire fait partie d'un système global contre lequel je lutte depuis longtemps. Je l'ai compris peu à peu.

Le nucléaire a mis dans la tête des gens que tout pouvait disparaître d'un seul coup. Avec quelques échanges de bombes atomiques et quelques accidents nucléaires bien placés, l'humanité peut disparaître. Cette idée pèse dans nos consciences collectives sans qu'on s'en rende compte. D'un coup, la vie n'a plus la même valeur. Peut-être cela ne serait-il pas plus mal que l'humain soit balayé, mais j'aime cette planète, et j'ai envie que les êtres vivants – humains y compris – puissent continuer à y vivre. Le nucléaire est du côté de la mort, de la guerre.

En quoi lutter contre le nucléaire amène-t-il à une multiplicité de combats ?

Le nucléaire est une lutte qui comporte de multiples portes d'entrée. Si l'on prend la première porte, la manière dont l'uranium est extrait dans les pays les plus pauvres, on touche au colonialisme, au droit des migrants, à la souveraineté des pays du Sud, à l'exploitation des ressources de la planète. Si l'on prend la dernière porte, c'est le projet Cigéo d'enfouissement des déchets nucléaires avec le droit des générations futures, l'accaparement des terres, etc.

Au-delà, il y a la question des libertés et de la répression. Car, même si depuis quelques années, la répression frappe tout le mouvement social, à Bure et dans le mouvement antinucléaire en général, on a subi une répression terrible. On fait face à l'État, à l'armée, à l'industrie du nucléaire. Le nucléaire va donc de pair avec un système de répression énorme que l'État n'arrive plus à cacher. Comme à la zone à défendre (Zad) de Notre-Dame-des-Landes et contre les Gilets jaunes, la lutte antinucléaire le force à montrer sa vraie face autoritaire.

La lutte pour le climat est aujourd'hui surtout portée par des jeunes… Comment renouveler la lutte antinucléaire ?

Lors de l'Atomik Tour, une tournée organisée de janvier à août 2019 comme alternative au débat public sur les déchets nucléaires, j'ai discuté avec les groupes locaux un peu partout en France. La lutte antinucléaire va mal, comme en miroir de l'industrie nucléaire, qui ne se porte pas bien non plus. Il y a eu des scissions, des fissions, la lutte a quelque chose d'atomisé. On ressent encore les cicatrices de ces tensions, elles sont comme des plaies ouvertes, et ça pèse dans la balance du renouvellement.

Et puis cette lutte est aussi vieille que les centrales : ceux qui ont porté le combat originel ont aujourd'hui plus de 60 ans, ils sont usés, ils se sont battus toute leur vie. On a perdu beaucoup de monde en route, ceux qui sont restés sont bien souvent en couple et de classe moyenne. Ça donne aussi le ton : quand tu n'as pas d'appuis familiaux et économiques, tu ne dures pas longtemps dans la lutte antinucléaire.

Qu'est-ce qui fait qu'à Notre-Dame-des-Landes, l'occupation a marché, alors qu'à Bure, c'est compliqué ?

Un aéroport, c'est facile à visualiser, à expliquer. Le terrain à occuper n'est pas le même, la géographie et le climat non plus. Bure est en pleine « diagonale du vide » sur le plan démographique. C'est l'Est, donc dès le milieu de l'automne, le froid revient, c'est peut-être plus compliqué à occuper que le bocage nantais qui bénéfice d'un climat plus océanique et doux. Et puis, sur le plan économique, les deux régions ne sont pas dans la même situation. Quand le nucléaire « arrose » cette région de l'Est, le chômage y est tellement important et les fonds publics moins foisonnants que « ça pousse » immédiatement. En Bretagne, c'est différent, et la culture de résistance est beaucoup plus présente.

Dans les années 1945-1950, la France s'est lancée dans l'industrie nucléaire avec un objectif : refaire du pays une puissance qui compte, après cinq années de collaboration avec les nazis. Tout le développement économique et politique du pays a été reconstruit sur le nucléaire. Donc quand on touche à cela, on touche à l'identité française.

On a cependant occupé le terrain à Bure, dans le bois Lejuc, et ça nous a permis de gagner du temps. Cela a fonctionné selon trois axes : l'occupation de la forêt, la médiatisation de cette occupation et le combat juridique. Les trois sont indispensables.

Les luttes se font écho : s'il n'y avait pas eu la Zad de Notre-Dame-des-Landes, peut-être l'opposition à Bure n'aurait-elle intéressé personne. Sivens a aussi joué, car après la mort de Rémi Fraisse, sous la présidence de Hollande, le gouvernement s'est montré moins offensif en matière de répression. Depuis l'arrivée à l'Elysée de Macron, la gestion des mouvements sociaux et écologistes, comme la gestion des occupations – que ce soit des ronds-points ou des forêts – est devenue hyper-autoritaire.

La clé serait donc l'interconnexion entre l'action juridique, médiatique et l'opposition physique sur le terrain ?

On ne mobiliserait pas les jeunes uniquement sur la pétition L'Affaire du siècle[1], ils vont aussi occuper l'entrée de Total, ou le pont Sully à Paris. Beaucoup de militants, moi y compris, en ont marre de la réunionite, et reviennent parce qu'il y a des actions de terrain. Les gens ont envie d'avoir prise. Mais sur le nucléaire, il y a peu d'endroits où on a prise, si ce n'est à Bure, ou peut-être à la piscine de stockage des déchets nucléaires de Belleville-sur-Loire, si elle venait à se construire.

Une autre chose importante est le tissu local. Nous avons besoin de nous reconnecter les uns aux autres. C'est ce qui a marché sur les ronds-points, c'est pour cela que les Gilets jaunes sont restés des heures, des jours, sous la pluie. On a fait vaciller le pouvoir quand les gens se sont reconnectés les uns avec les autres. Dans l'histoire de la lutte antinucléaire, le Pays basque a réussi à ne pas avoir de centrale, notamment parce qu'il y a une identité basque. Idem chez les Bretons. Ce qui a fonctionné là, ce sont les liens.

J'ai l'impression que c'est en train de se passer, notamment dans la lutte antinucléaire : les liens se tissent. Lors de l'Atomik Tour, j'ai découvert plein de

1. Action en justice portée par plusieurs ONG contre l'État pour le forcer à respecter ses engagements climatiques.

projets géniaux, rencontré ceux qui luttent pour le climat, pour les Coquelicots et contre les pesticides, des gens qui se mettent à lutter à 60 ans… On a constaté que des collectifs militants qui sont à 50 kilomètres à peine les uns des autres ne se connaissaient pas. On est dans un monde tellement pyramidal, et tellement centré sur le national que, localement, on ne sait plus ce qui se passe à côté de chez nous. Mais cela change, un réseau est en train de se former.

La répression vous a atteinte dans votre vie personnelle. Vous êtes mise en examen et sous contrôle judiciaire dans le cadre d'une instruction pour association de malfaiteurs. Quelles en sont les conséquences concrètes ?

Je les digère au fur et à mesure. On ne nous apprend pas à l'école ce que signifie être mis en examen. On se doutait que tous les gens qui avaient milité à visage découvert en 2016 et 2017 à Bure allaient passer sous le coup de la répression du monde nucléaire. Mais on ne savait pas quelle forme elle prendrait. Durant ma garde à vue, j'étais très sereine parce que j'étais prête à assumer le fait que je milite à Bure et que pour moi c'est une liberté d'opinion politique, d'expression, d'association. À mon sens et au vu des faits incriminés, je n'ai rien à me reprocher. Mais au sortir de ma garde à vue, j'étais mise en examen sous contrôle judiciaire, avec une interdiction de territoire sur les communes de Bure et de Saudron, les deux sur lesquelles repose le projet Cigéo. La Maison de résistance, lieu important et symbolique de la lutte, se trouve à Bure. Je subis de surcroît une interdiction d'entrer en communication avec certains de mes camarades de lutte qui sont aussi des amis proches, et j'ai une obligation de suivi par le SPIP [service pénitentiaire d'insertion et de probation]. C'est être déjà punie, entravée dans mes libertés avant même que l'enquête soit terminée, avant même que j'aie été jugée.

C'est un choc, un raz-de-marée dans ma vie, tant sur le plan personnel que militant. Je ne suis pas née militante, je n'ai pas fait de plan de carrière. Je suis devenue militante alors que j'avais déjà un enfant, j'ai donc eu la sensation de lui faire payer mon militantisme. Mon gamin a une maman mise en examen, perquisitionnée deux fois. Il sait que je suis allée en garde à vue cinquante-sept heures. J'ai été gardée à vue par le gendarme qui avait écouté mon téléphone pendant un an ; je me suis aperçue qu'il connaissait énormément de choses sur ma vie ou sur mes relations avec mon fils.

Alors, je me suis dit qu'il fallait que je protège ma famille. Que le militantisme, c'était mon choix, que je n'avais pas à le leur imposer, et donc je suis partie pour deux mois sur les routes. Mais je me suis rendu compte que j'avais raté des épisodes importants de la vie de mon fils. Je suis rentrée et je me suis dit, c'est comme ça : mon fils a une mère militante et ma mère a une fille militante. J'ai appris à accepter ce que j'étais.

Être mise en examen, c'est comme une maladie grave. Certaines personnes ne me parlent plus, au cas où je serais contagieuse, tandis que d'autres viennent me dire : « Ne t'inquiète pas, tu n'iras pas en prison. » Comme quand on te dit : « Ne t'inquiète pas, tu ne vas pas mourir du cancer. » Potentiellement, j'ai plus de risque d'aller en prison que vous. D'un seul coup, la société nous met à part, on n'a plus le contrôle de soi, puisqu'on est sous contrôle judiciaire, on ne peut plus aller où l'on veut, on ne peut plus parler à certains de nos proches. Mais la vie continue malgré tout.

Je continue aussi à lutter, parce que c'est une manière de rester debout. Si d'un seul coup j'étais restée chez moi sans voir d'autres militants, que j'avais juste repris un travail « normal » et que ma vie était seulement ponctuée par cette répression, c'est comme si elle avait pris toute la place. Quand ils m'ont arrêtée, j'avais l'intention de faire une pause militante, de m'occuper enfin de mes abeilles. Sauf qu'ils m'ont arrêtée, ils m'ont provoquée en essayant de me faire taire et, du coup, je me suis remise à militer de plus belle ! Et je n'ai toujours pas d'abeilles !

Propos recueillis par Marie Astier et Lorène Lavocat

François Ruffin

« La crise climatique nous impose de revoir le sens de l'existence »

François Ruffin est journaliste, et a notamment fondé le journal *Fakir*. Auteur de nombreux livres et du film *Merci Patron !*, il est député de la Somme (France insoumise) depuis juin 2017.

Reporterre. Comment êtes-vous venu à l'écologie ?

François Ruffin. Je n'ai pas le sentiment d'y être venu. Quand j'étais adolescent, l'un de mes combats fondateurs a été les poules en batterie. J'étais très hostile aux cages et j'ai donné pendant des années à l'association Protection mondiale des animaux de ferme. J'ai été végétarien vers mes 17, 18 ans, notamment pour la raison éthique qu'on ne doit pas faire cela aux animaux.

Était-ce en lien avec le territoire dans lequel vous avez grandi ?

C'était tout seul dans mon coin. J'ai été très tôt hostile au consumérisme, dès le collège. Mon père est cadre, mais ses parents appartenaient à la « lumpenpaysannerie ». Comme il avait réussi, il m'a mis dans l'univers bourgeois du collège de La Providence, à Amiens. J'y ai vécu un grand choc social, un grand fossé… J'étais entouré de gens qui faisaient leur première communion pour avoir une montre en or et qui dressaient la liste des gros cadeaux offerts à Noël, dans l'univers des marques Chevignon, Naf-Naf. J'étais en rupture contre cela, je revendiquais de ne pas avoir de vêtements de marque, et même de dire aux autres : « Je vous emmerde, je suis communiste. » On était en sixième, je ne savais pas ce qu'était le communisme !

Vos parents ne vous offraient pas de ces cadeaux ?

Non. Mon père était cadre chez Bonduelle, ma mère ne travaillait pas. Mais leurs parents étaient paysans et on avait une manière d'être qui était celle des petits paysans des campagnes importés à la ville. Les habits que je portais venaient du grand cousin qui les avait passés à son frère avant qu'ils arrivent chez moi. Cela me convenait.

Ma détestation du consumérisme s'est traduite ensuite par une détestation de la publicité avec un ouvrage qui a été pour moi important, *Le Bonheur conforme* de François Brune, qui est une critique de l'univers publicitaire. Il a un fond humaniste plus qu'écologique : « On ne doit pas réduire l'homme à une machine à produire et à consommer. » Au fond, l'écologie ne m'intéresse que si elle est aussi porteuse de la conception d'un autre homme que celle qui le réduit à être producteur/consommateur. Cela s'est ensuite traduit intellectuellement par le rapprochement avec la critique des médias, Brune étant dans l'univers du *Monde diplomatique*.

Comment en êtes-vous venu ensuite au journalisme ?

J'étais un être en révolte qui pensait qu'il faut changer la société. Mais qu'on ne peut pas la transformer sans modifier le regard sur la société. Pour cela, il faut changer ce qu'on met dans la tête des gens. C'est le raisonnement politique que je faisais à l'époque et qui correspondait à un souhait personnel, à un besoin d'intervention sur la scène publique. J'ai besoin d'une forme d'expression, « exprimer » est un verbe important pour moi.

Vos parents faisaient de la politique ?

Pas du tout. Le raisonnement de la famille, c'était plutôt « Pour vivre heureux, vivons cachés » [rires]. Quand j'étais jeune, je ravalais énormément, tout le temps. Mais je lisais. J'avais une vie intérieure assez intense, mais que j'exprimais peu. C'est plus tard, après le bac, quand je suis rentré des États-Unis où j'avais été prof et où j'avais gagné de l'argent, que j'ai un peu pris confiance en moi. J'ai lancé le journal *Fakir* et ça a marché. Moi qui suis très timide, je suis allé vers les gens et j'ai découvert qu'ils me parlaient, que ça se passait bien. Pour le premier numéro, j'avais fait un reportage au zoo d'Amiens, pour y raconter les conditions de vie des animaux du zoo et discuter avec leur soigneur. Toutes ces rencontres m'ont sauvé, parce que je n'allais pas bien. Les gens m'ont sauvé.

Pourquoi n'alliez-vous pas bien ?

J'ai vécu des années de déprime parce que je n'avais pas de terrain pour me valoriser, je n'avais pas d'estime de moi. Je n'avais pas songé à devenir journaliste parce que c'était un univers qui m'était interdit socialement. Faire une grande école, cela me paraissait impensable. Et puis, avec *Fakir*, je me suis dit que c'était possible, j'ai fait un stage à *Libération*, et là, on m'a dit de faire une école de journalisme. Donc, j'ai fait une école de journalisme. Mais je ne m'y épanouissais pas. Ce que je lui reprochais, ce n'est pas de nous avoir formés au modèle LCI, *Le Parisien*, France Info, dans l'obsession de l'actualité, mais de ne nous avoir formés qu'à ça, sans montrer que d'autres journalismes existent. Heureusement, depuis, grâce à internet, l'univers médiatique a éclaté, et les expériences dissidentes sont davantage possibles qu'hier.

Quel était l'objectif de *Fakir* ?

J'étais comme un prophète habité par un désir de Vérité. Avec la majuscule. Mon objectif était simple : détruire *Le Journal des Amiénois*, l'hebdomadaire municipal distribué dans toutes les boîtes aux lettres. Ce n'était qu'un tissu de mensonges, au moins par omission. Par exemple, au moment où l'usine Yoplait a fermé, plongeant quatre-vingts familles dans le désarroi, il n'y avait pas une ligne dans *Le Journal des Amiénois*, qui titrait « Amiens, un carnaval fou et gratuit ».

Après, le terrain a pris chair, les histoires, les hommes, la tendresse. Et est venue l'interrogation de savoir comment transformer la société. Ce n'est pas une pâte que l'on modèle facilement. Si on veut transformer la société, il faut faire du chemin avec les gens, les stimuler, leur redonner un espoir.

Et après, vous avez trouvé votre équilibre.

L'équilibre, c'est peut-être beaucoup dire. Ou alors l'équilibre d'un funambule. Il y a eu la radio avec « Là-bas si j'y suis » de Daniel Mermet sur France Inter, *Le Monde diplomatique*, des livres… Et puis le film, parce qu'aujourd'hui, le media populaire c'est l'image. *Merci, patron !* est sorti en 2016 et est devenu populaire, mais il rendait visible un travail qui était déjà là.

Cette année-là, quelque chose d'autre a commencé avec Nuit debout. Mais durant toute cette période, il n'y avait pas eu d'écologie ?

Si. Je n'étais pas d'accord sur plein de trucs. D'abord la question de la croissance, qui était posée dans *Fakir* régulièrement, sur le plan social et sur le plan écologique. La croissance est un instrument qui permet de reporter à plus tard le besoin de redistribution. En fait, on n'a pas besoin que le gâteau soit plus gros, on peut mieux le répartir immédiatement. De même, il y avait une critique récurrente de la mondialisation. Et puis régulièrement des papiers sur les animaux. Mais j'ai rencontré un souci de journaliste : je m'appuie sur le discours direct des gens, j'aime une langue qui raconte des histoires. La difficulté avec l'écologie, c'est que je n'arrive pas à raconter d'histoires. L'herbe ne témoigne pas, la poule ne témoigne pas, le porc breton ne témoigne pas. *Fakir* est habité par un espoir de la parole directe du peuple. Mais l'écologie, cela va souvent être des experts qui donnent leur point de vue.

Et puis, on était dans les années Jospin [1998-2002], où le mot « ouvrier » était interdit ! *Fakir* disait : « Il ne faut pas abandonner les ouvriers. » Après, il y a eu la lutte des Goodyear, la principale usine de Picardie, une usine de pneumatiques, lutte qui a duré sept ans, et que j'ai accompagnée. Mais il m'a fallu du temps pour assumer mon rôle d'intellectuel et ouvrir une lecture écologique de cette lutte.

J'ai fait un tract, vers la fin, qui disait : « Il faut moins de machines pour produire autant de pneus. Bonne nouvelle. Il y a besoin de moins de pneus en France. Bonne nouvelle. Et de ces bonnes nouvelles, le capital fait une mauvaise nouvelle, et décide d'envoyer la production en Pologne. Finalement, on est pour une rupture avec le productivisme. » Je parlais de diminution du temps de travail, de moins produire. Et les gars, au lieu de me renvoyer le tract à la gueule – ce qui m'était déjà arrivé –, ils l'ont pris et l'ont distribué avec moi ! Au fond, les gens refusent que leur vie soit soumise à des impératifs de productivité.

Comment avez-vous commencé à faire émerger l'écologie de ces luttes populaires ?

Un sentiment de lassitude peut naître à force d'enregistrer des témoignages sur la misère, sur les fermetures d'usines. S'associer à une classe qui est condamnée à la défaite, ce n'est pas joyeux. Et puis, je n'ai pas subi une transformation intérieure : rompre avec le consumérisme est quelque chose qui est en moi. Après, ce qui m'a intéressé, c'est d'emmener les gens, d'aller voir des écolos et des syndicalistes et d'essayer de les faire se parler ensemble sur des situations concrètes.

Mais je défends l'industrie. Si on doit en finir avec des productions, la société doit le décider et s'adresser aux salariés en leur disant ce qu'ils vont devenir, leur garantir un revenu et les aider à aller vers autre chose.

Quel est votre rapport avec le monde paysan ?

On l'a vu, je suis d'origine paysanne – comme beaucoup de monde – de deux générations en amont. Mais je pense que mon père s'est arraché à la terre avec joie ! La terre c'est dur, c'est aussi de la misère. Et tout ce discours qui dit qu'on va retourner à la terre pour faire ses trois hectares avec sa binette, chez mon père ou chez moi, cela ne passe pas.

Mais il y a des paysans qui préservent leur indépendance en tant qu'exploitant et travaillent pour un environnement sain. Ce ne sont pas des questions d'écolos bobos, mais des questions profondément politiques et sociales par rapport à la dévastation sociale en cours dans les campagnes.

J'ai fait un reportage au moment de la chute de l'empire Doux, je suis allé rencontrer les travailleurs, des éleveurs, et j'ai vu les poulets aussi. J'ai fait la même chose sur le porc. Et j'en arrive à des conclusions proches de ce que vous dites. Ce qu'il faut voir, pourtant, c'est que nombre d'agriculteurs ont vécu ce qui s'est passé dans l'après-guerre comme quelque chose de positif, comme un progrès qui a répondu à l'objectif d'autonomie, de souveraineté alimentaire. Le problème est qu'à partir des années 1970, alors que l'autonomie alimentaire avait été obtenue, on a inventé la mission exportatrice de l'agriculture française. Et maintenant, on est dans un productivisme qui tourne sans cap, sans objectif, sans but. Il faut réinventer le sens de l'agriculture. Ce qui manque aux paysans, plus encore que le revenu, c'est le manque de fins.

On est d'accord, vous et moi, sur ce qu'il faut : *grosso modo*, bien-être animal et sortie des pesticides. Mais cela suppose la construction de revenus stables pour les paysans, donc de réguler l'agriculture, avec des prix planchers pour le lait, pour la viande, pour le blé, avec des quotas d'importation et des quotas de production. Il faut dire que, de la même manière que nous avons une exception culturelle française, on veut une exception agri-culturelle et sortir l'agriculture de la mondialisation.

Où en est-on, maintenant, de la question écologique ?

Sur le social, il y a des cycles : depuis le XIXe siècle, les choses s'améliorent, même si, depuis trente ans, ça régresse. En revanche, en ce qui concerne l'écologie, il n'y a pas de cycles : ce qui est détruit ne sera plus reconstruit. Et la catastrophe est déjà là. On prépare un monde de merde pour nos enfants. Par exemple, quand j'étais gosse, il y avait des hirondelles partout !

Et maintenant on ne voit plus d'hirondelles parce qu'il n'y a plus d'insectes.

Mais nous avons la responsabilité d'inventer un nouvel imaginaire. Que signifie réussir ? le progrès ? le bonheur ? Pendant longtemps, la croissance a fait le bonheur. Mais à partir des années 1970 en France, le PIB a continué de croître sans que s'élève le niveau de bonheur et de bien-être. Les statistiques de l'ONU montrent qu'à partir de 20 000 à 25 000 dollars de PIB par tête de pipe, la croissance ne produit plus de supplément de bien-être ni de baisse de la mortalité infantile.

Quand on a un réfrigérateur, a-t-on besoin d'en avoir un deuxième ? A-t-on besoin d'être connecté en permanence à un téléphone portable ? Le téléphone doit-il être un iPhone 11, 12, 13, 14 ou 15 ? Doit-on avoir accès à la 5G, cette voie royale présentée toutes les semaines par la *start-up nation* ? Quand un nouvel iPhone sort, les médias et la propagande publicitaire qui fait qu'on voit 5 000 marques par jour nous l'enfournent dans le crâne. C'est efficace. Mais c'est une gadgétisation du progrès. Pour les gens, le progrès ne peut plus être cela. On sent dans leur cœur une usure de consumérisme. Ils n'y croient plus, n'y aspirent plus.

Je sais ce qui fait le bonheur, d'où il vient : des liens plutôt que des biens. On se le raconte depuis des années. Les études de l'épidémiologiste britannique Richard Wilkinson montrent que, quand on inocule le rhume à des gens, ceux qui ont des amis guérissent beaucoup plus vite ! Pourquoi ? Parce que les liens qui nous entourent nous procurent une protection, une sécurité, et font que nous ne sommes pas trop stressés. Notre énergie pourra donc être consacrée à guérir d'un rhume ou d'une cicatrice.

Ce sont les liens plutôt que les biens qui assureront le progrès demain. Et fixer un horizon ne suffit pas, il faut indiquer quels sont les premiers pas qu'on fait dans cette direction. C'est pourquoi je mets en priorité de ce qu'il faudrait faire la structuration des métiers du lien : auxiliaire de vie sociale, assistante maternelle, accompagnant d'enfant en situation de handicap, animateur périscolaire, aide-soignant, instituteur… Toutes les professions qui s'occupent des personnes les plus importantes pour nous, les personnes âgées, les enfants, les malades. Ces professions sont souvent maltraitées, sans statut, sans revenu correct. Une AVS [auxiliaire de vie scolaire] travaille de 8 heures à 20 heures et ne gagne même pas le Smic ! Il y a un enjeu à offrir un statut et un revenu à ces professions et à les valoriser. Cela sortirait deux millions de personnes de la pauvreté. Ce serait féministe car 80 % d'entre elles sont des femmes. Cela provoquerait aussi un basculement des biens vers les liens.

Voilà mon premier levier d'action. C'est un levier populaire pour les premiers concernés mais aussi pour tous les autres : qui, aujourd'hui, n'éprouve pas de sympathie pour une auxiliaire de vie scolaire, une assistante maternelle, un accompagnant d'enfant en situation de handicap ?

La lutte et le mouvement social permettent aussi de tisser des liens. Nuit debout a donné lieu à de grands moments de politisation, les Gilets jaunes se sont tenus chaud sur les ronds-points, les Zad comme celle de Notre-Dame-des-Landes sont des luttes collectives…

J'y vois une limite. Au moment de Nuit debout, je me demandais quand la même chose se produirait à Flixecourt [commune de 3 000 habitants dans la Somme]. Et quand j'ai vu trois barricades de Gilets jaunes à Flixecourt, je me suis dit « bon sang, il n'y en a pas place de la République à Paris ». Il y a un divorce entre la classe éduquée, on va dire « intermédiaire », et les classes populaires. Or, l'alliance entre ces deux classes est le moteur, le bloc historique de la gauche. Quand elles se divisent, c'est cuit.

Cela dit, ces mobilisations montrent qu'un volcan bouillonne sous nos pieds. Elles témoignent d'un désir d'autre chose, même s'il n'est pas bien clair. Elles montrent que le monde des dominants est usé, que leurs mots – « croissance », « concurrence », « compétitivité », « mondialisation », « globalisation » – ne font plus envie. Durant les années 1980, les années fric de Tapie, Thatcher et Reagan, ces mots suscitaient de l'enthousiasme. Aujourd'hui, ils ne suscitent plus qu'indifférence et inquiétude. Ce sont des mots cadavres. D'ailleurs, depuis les Gilets jaunes, même Macron et compagnie qui les avaient à la bouche ont senti qu'ils devenaient difficilement prononçables. Quand bien même le mot « concurrence » apparaît quatre-vingt-cinq fois dans la loi sur le nouveau « paquet ferroviaire » contre zéro fois pour les mots « climat » et « biodiversité ».

Le problème qu'a identifié Gramsci, c'est qu'en même temps que se produit ce détachement de l'idéologie dominante, la classe dirigeante devient dominante. Elle sent que son navire prend l'eau et pour continuer à s'imposer, elle n'emploie plus l'enthousiasme, mais la force de coercition. C'est ce qu'on vit aujourd'hui avec les Gilets jaunes qui se font taper dessus.

Je crois qu'on traverse une crise métaphysique. C'est ce qui sourdait sur les ronds-points, au-delà des situations sociales. Les gens se demandent ce qu'ils font ensemble. Quel est le sens de l'existence ? Jusqu'à présent, c'était « produire et consommer » – produire plus pour consommer plus et ainsi de suite. On sent que cela ne va plus, cet horizon de hamster tournant dans sa roue, et que cela détruit la planète. Dans ce contexte, la crise climatique devient une chance qui nous impose de revoir le sens de l'existence.

Il peut sembler cucul de parler d'espérance, de sens de l'existence, de métaphysique alors qu'il faudrait se ranger au langage de l'économie, employer des chiffres. Mais la gauche a pour responsabilité de reposer cette question : « Que faisons-nous ensemble ? »

Je sentais déjà quand j'étais jeune que la bataille de l'imaginaire était une bataille clé. Pour cela, il faut mener un combat contre la publicité. On ne peut pas demander aux gens de changer leur mode de vie et leur consommation tout en les exposant à des pubs pour voitures Audi de vingt-six mètres carrés quand ils prennent le train gare du Nord. Dans l'imaginaire publicitaire, réussir signifie avoir une Rolex à 50 ans. Il faut en finir avec cette propagande pour faire basculer les gens vers autre chose, et pour pouvoir assumer une rupture avec le modèle industriel productiviste et consumériste.

L'imaginaire politique de la démocratie représentative est détruit, la défiance de la population à l'égard des élus est immense et la distinction entre la gauche et la droite semble avoir explosé. Pourquoi vous êtes-vous lancé en politique ?

Que les choses soient claires : je suis dans un système politique que je n'aime pas. Mais ce n'est pas une raison pour ne pas y être et ne pas chercher à le contester de l'intérieur.

À l'adolescence, je me sentais mal parce que je n'avais pas de représentant. Quand j'allumais la radio, personne ne portait la parole que j'espérais, ne portait ma révolte dans l'espace public. Il n'y a que quand j'entendais des voix comme celles de Serge Halimi et Xavier Mathieu que je respirais mieux. Je suis en politique pour ça. Je pense qu'il y a des gens que j'aide à mieux respirer, parce qu'ils ont un représentant, quelqu'un qui dit ce qu'ils pensent. C'est une fonction modeste, quasiment spirituelle.

Je suis pour une remise à plat. Quand, sur les ronds-points, j'entends parler de référendum d'initiative citoyenne, révocatoire, constitutionnel, abrogatoire et de propositions, je suis pour. Aujourd'hui, il n'y a plus de séparation des pouvoirs, l'exécutif détient le pouvoir législatif et ça ne va pas. Il faut couper la laisse entre l'Élysée et l'Assemblée.

Je reste quand même attaché aux représentants. Je ne méprise pas les élections. Le suffrage universel a amené le Front populaire en 1936. Ça a été un grand temps de conquêtes, y compris grâce à la rue. Je ne veux pas choisir entre la rue et les urnes, je veux les deux.

Vous avez établi le diagnostic – la catastrophe en cours – et évoqué la solution – plus de liens, moins de biens. Le désir de la population est là. Mais quelle stratégie adopter pour atteindre cet objectif, face à une répression politique et à une machine publicitaire toujours plus fortes ?

Je suis là pour porter l'optimisme. Le système policier et l'emprise politique peuvent être interprétés comme des marques de la fragilité des dominants. Ils ont besoin de ça pour se maintenir. On disait de l'Union soviétique que c'était un colosse aux pieds d'argile ; je me demande si on n'a pas aujourd'hui affaire à un système de même nature.

On n'est plus dans une histoire linéaire. Dans les années 1990 était paru un bouquin sur la fin de l'histoire [Francis Fukuyama, *La Fin de l'histoire*, Flammarion, 1992]. Aujourd'hui est la fin de la fin de l'histoire. Macron est un marqueur de l'instabilité du monde. Trump, Bolsonaro, les événements en Italie, au Chili, au Liban sont les marqueurs d'une histoire qui s'est remise en marche pour le meilleur et pour le pire. La crise de 1929 a donné Roosevelt et le New Deal aux États-Unis, le nazisme en Allemagne et le Front populaire en France. C'est à nous de savoir quelle histoire nous allons construire.

Mais je suis plus à l'aise pour discuter du travail idéologique à mener, des idées à diffuser dans la société et des classes qu'il faut se faire rejoindre à nouveau, que du Meccano politique. Je me demande si l'on n'est pas dans le temps de l'opportunité ratée. Ce ne serait pas la première fois. On en est même les spécialistes. Les ronds-points, Nuit debout, *Youth for Climate* sont des mouvements ténus par leur nombre, même s'ils sont manifestement les symptômes d'un désir d'autre chose et suscitent la sympathie. Mais c'est comme s'il leur manquait l'expression politique, le canal, l'incarnation qui leur permettrait de devenir une force évidente dans l'espace électoral. Je redoute des occasions manquées. En 2017, compte tenu de l'instabilité du monde, il y avait peut-être une chance. En 2022, il y en aura peut-être une autre. Il peut surgir des choses au milieu de l'élection présidentielle. Je suis prêt à accueillir l'inattendu.

Comment renouer l'alliance entre les classes populaires et la classe intermédiaire ? Et comment le faire dans un cadre partisan, lors d'élections ?

On n'est pas sur des luttes de masse en France. Il faut se le dire parce que la masse est importante. Les minorités agissantes, les activistes ont un rôle de locomotive, mais une locomotive ne m'intéresse que si elle entraîne des wagons. Quand on agit, on doit se demander combien on a raccroché de wagons.

L'écologie nous offre une chance de réunion des classes populaires et de la classe intermédiaire. Pourquoi ? Parce que le grand motif de divorce a été la mondialisation, qui a tracé comme un fil à couper le beurre entre les vainqueurs et les vaincus. 20 % des ouvriers non qualifiés sont au chômage, soit une multiplication par quatre ou cinq depuis les années 1980 et une angoisse massive, des parcours où des hommes et des femmes vont d'un plan social au suivant. Les gouvernements n'ont pris aucune mesure sérieuse pour lutter contre ça, parce qu'ils se sont appuyés sur la classe intermédiaire, au sein de laquelle le nombre de chômeurs est resté stable.

Classe intermédiaire ou classe moyenne ?

L'expression « classe moyenne » me semble trop ambiguë. En gros, la société est composée de 60 à 70 % de classes populaires, ouvriers et employés, de 25 % de classes éduquées et cadres, et de 5 % de classes vraiment supérieures. Chomsky disait, en parlant d'information, qu'il faut offrir du divertissement aux 70 % pour les faire penser à autre chose, susciter l'adhésion au système des 25 % – c'est le *New York Times* – et que les 5 % restants savent ce qu'il en est du système et en profitent. Où est la classe moyenne dans tout ça ?

J'en reviens donc à la classe intermédiaire éduquée, qui ne croit pas en la mondialisation heureuse mais reste passive, car elle n'est pas directement frappée. Les classes populaires, elles, se sont inscrites en faux. Soit en abandonnant le terrain politique tout en n'en pensant pas moins, soit en s'exprimant lors du référendum pour le Traité constitutionnel européen du 29 mai 2005, où 80 % des ouvriers ont voté non, ou ont voté pour Marine Le Pen.

Comment l'écologie pourrait-elle recoudre cela ?

On le voit déjà. En démissionnant, Nicolas Hulot a dit qu'il fallait mettre fin aux traités de libre-échange et laisser la mondialisation derrière nous, qu'on était en train de calciner la planète et que ce ne serait pas trois éoliennes qui allaient nous sauver. Cela signifie qu'il peut y avoir un point d'accord entre les écologistes et les personnes engagées dans les luttes sociales, la classe intermédiaire sensible aux questions écologiques – quand bien même elle pollue davantage – et les classes populaires déjà opposées à la mondialisation. En 1993, au moment de l'Alena [accord de libre-échange entre les États-Unis, le Canada et le Mexique], des accords du Gatt et du traité de Maastricht, l'économiste américain ultra-libéral Gary Becker faisait déjà le lien entre l'écologie, le social et la mondialisation, quand il disait que le droit de l'environnement et la protection des travailleurs avaient atteint un degré trop élevé dans les pays développés et qu'il fallait instaurer le libre-échange pour saper cela. Aujourd'hui, il faut rétablir ce lien et s'opposer au libre-échange.

Il faut même aller au-delà, en rompant avec le triptyque mondialisation-croissance-concurrence. Il n'y aura jamais d'accord politique entre classe intermédiaire et classes populaires sans une volonté de s'attaquer à ce trépied. Je ne dis pas qu'il sera facile de lui couper les pattes. Mais il faut le remplacer par du positif : entraide, relocalisation, « des liens plutôt que des biens », consommer moins et répartir mieux. Car la croissance ne fait plus le bonheur.

Vous dites que tout le monde aime les femmes qui s'occupent des autres, qui accompagnent les enfants en sorties scolaires. Sauf quand elles sont musulmanes et portent le voile, selon certains. Les dominants ne sont-ils pas en train de réintroduire de la division par ce biais ?

C'est évident. Tout comme quand un ministre s'adresse aux *Youth for Climate* en décrivant les Gilets jaunes comme des gens qui veulent continuer à polluer avec du gasoil pas cher, alors même que les mouvements travaillent à une manifestation commune. Le souhait permanent des dominants est de détourner le débat du terrain économique et social, où les gens pourraient trouver un accord.

On a affaire à un double divorce : d'abord entre les deux cœurs sociologiques de la gauche, la classe intermédiaire et les classes populaires, et ensuite un divorce interne aux classes populaires, entre les enfants d'immigrés des quartiers populaires et les blancs des campagnes – dont sont issus les Gilets jaunes. Nous avons donc deux cicatrices à refermer. Chaque fois qu'on place le débat sur le terrain culturel et cultuel, on contribue à les rouvrir ; chaque fois qu'on le replace sur le terrain économique et social, on a une chance de les refermer.

Propos recueillis par Hervé Kempf
et Émilie Massemin

Table

Dans la même collection

Emmanuel Daniel
Le Tour de France des alternatives
2014

Grégoire Souchay, Marc Laimé
Sivens, le barrage de trop
2015

Nicolas de La Casinière
Les Saboteurs du climat
2015

Gaspard d'Allens, Lucile Leclair
Les Néo-Paysans
2016

Marie Astier
Quel pain voulons-nous ?
2016

Tiffany Blandin
Un monde sans travail ?
2017

Gaspard d'Allens, Andrea Fuori
Bure, la bataille du nucléaire
2017

Grégoire Souchay
Les mirages de l'éolien
2018

Élisabeth Schneiter
Les Héros de l'environnement
2018

Gaspard d'Allens
Main basse sur nos forêts
2019

Christine Laurent
Mon jardin sans pétrole
2019

Isabelle Attard
Comment je suis devenue anarchiste
2019

RÉALISATION : NORD COMPO À VILLENEUVE-D'ASCQ
IMPRESSION : NORMANDIE ROTO IMPRESSION S.A.S. À LONRAI
DÉPÔT LÉGAL : FÉVRIER 2020. N° 144326 (1906241)
IMPRIMÉ EN FRANCE